나를 이기는
신념의 기술

나를 이기는
신념의 기술

The Magic of Believing

C. M 브리스톨 지음
차전석 옮김

뜻이있는사람들

나를 이기는
성공 프로젝트

· 무엇이든 자기 생각 대로 이끌어 갈 수 있다.

· 목표를 설정하고 원하는 것을 쟁취할 수 있다.

· 힘들다고 포기한다면 세상의 모든 것으로부터 자유로울 수 없다.

· 가능성이 보인다면 자신을 케어하고 도전하라.

어떤 상황에서도 자신을 내몰지 마라. 여러 가지 상황에서 자신을 마음대로 조종할 수 있다면 얼마나 행복할까. 현대인의 고민 중에서도 가장 큰 고민과 어려움은 자신이다. 자기 스스로 원하는 상태를 만들어 낼 도구를 만드는 방법을 배우면 된다.

만약 상황을 바꾸고 싶다면 자기 자신을 바꾸지 않으면 안 된다. 당신의 변덕, 소망, 공상, 야심은 곳곳에서 사악함을 만날지도 모르지만 당신의 마음속에 있는 생각은 식물이 씨앗에서 싹이 트는 것과 마찬가지로 확실하게 겉으로 드러날 것이다.

그렇다면 상황을 바꾸고 싶을 때는 어떡하는 것이 좋을까? 대답은 간단하다. 신념의 법칙을 이용하면 된다. 원인과 결과의 법칙은 물질세계와 마찬가지로 눈에 보이지 않는 사고의 영역에서도 절대적이며 잘못을 범하는 일이 없다.

이 신념의 아우라를 자신이 바라는 상태를 늘 품고 있어라. 그것을 기정사실로 확신하는 것이다. 그러면 강력한 긍정적 힘이 작용하게 된다. 끊임없이 반복함으로써 그것이 우리 자신의 일부가 되는 것이다. 실제로 우리는 자기 자신을 바꾸려 하고 있다. 자기가 바라는 모습으로 자신을 변화시키려 하고 있다.

성격은 우연히 만들어지는 것이 아니다. 지속적인 노력의 결과이다. 만약 당신이 겁쟁이에 우유부단하고 자의식이 과도하다면, 혹은 불안과 공포와 급박한 위험 등으로 고통을 받고 있다면 "두 가지 것이 같은 장소에 동시에 존재할 수 없다."는 사실을 떠올려라. 정신세계와 영적 세계에서도 마찬가지이다. 따라서 그것을 치유하는 방법은 명백하다. 공포, 결핍, 한계와 같은 생각을 용기, 힘, 자기신뢰, 자신감과 같은 사고로 바꾸면 그만이다. 그렇게 하기 위해 간단하고 자연스러운 방법은 자신을 특정 상황으로 바꿀 수 있는 긍정적인 사고의 암시를 이용하는 것이다. 그 긍정적 사고는 빛이 어둠을 가르듯이 확실하게 부정적인 사고를 물리치고 바라던 결과를 불러들일 것이다.

행위는 사고를 꽃피우는 것이며, 그로 인해 모든 상태가 만들어진다. 당신은 확실하게 자기 자신을 만들거나 부수는 도구를 스스로 손아귀에 넣을 수 있다. 행위의 결과로서 기쁨과 고뇌가 찾아드는 것이다. 이 책을 읽고 성공을 거둔 사람들이 말하는 '신념의 법칙'이란 무엇이고 나를 이기는 힘이란 어디에 존재하는지 알아보자.

세상은 인간관계의 연속성을 띤다. 사람의 마음을 사로잡아야 성공할 수 있으며, 그러기 위해서는 우선 암시의 기술을 이용할 줄 알아야 한다. 이제 경이롭고 신비한 신념이라는 사고를 통해 당신의 미래를 바꿔보라.

-차전석

contents

01장

신념을
가져라

신념을 가져라

힘든 역경을 이겨내고 운 좋게 멋진 성공을 거둘 수 있는 방법은 없을까? 쉽고 빠른 방법을 알아 당장에 실천할 수 있는 좋은 요령이 있다면 무엇이든 상관이 없다. 어떤 힘, 원동력, 박력 혹은 과학이나 기술, 그것이 무엇이든 무어라 부르든 상관없다. 그런 귀중한 비법은 없는 걸까? 나는 '있다'고 확신한다. 이 책은 그 방법에 대해 누구나 쉽게 알 수 있도록 설명하고, 어떻게 해야 당신이 그것을 마음먹은 대로 활용할 수 있는지에 대해 가르쳐 주려고 한다.

나는 15년 전에 LA의 사업가들을 모아놓고 강연을 했다. 그런데 유력 신문사의 경제 기자가 강연의 요지였던 『지구를 뒤흔들 강력한 TNT』라는 제목의 안내장을 보고 이런 편지를 보내왔다.

"당신은 하늘에서, 무언가 신기한 것을 이용해 강연을 하셨습니다. …그것은 마치 '우연의 일치'라고 해야 할 것 같은 주제로 깊은 신비감을 통해 단숨에 모든 사람을 쾌활한 기분으로 만들어놓았습니다."

이 편지를 읽은 나는 무언가 소중한 광맥을 파낸 것 같은 기분이 들었다. 내 생각은 멋지게 세상 사람에게 도움이 된 것이다.

The Magic of Believing

성공과
비운의 갈림길

  나로서는 신기할 것이 전혀 없다고 생각한다. 그저 세상 사람들이 그것에 대하여 전혀 깨닫지 못하고 있을 뿐이라고 생각한다. 인류문명 초기부터 행복한 사람만이 깨달았다. 무슨 이유에서인지 일반 사람들은 전혀 모른 채 살아왔다.

  몇 년 전, 내가 이 과학에 대하여 강연하거나 안내장 등으로 설명을 시작했을 때는 일반인들이 내가 하는 이야기를 과연 충분히 이해하고 있을지 자신이 없었다. 하지만 이제는 이 과학을 응용한 사람들의 수입은 두 배 세 배로 늘었고 사업을 성공으로 이끌어 경치 좋은 곳에 별장을 짓는 등 큰 부를 축적하였다.

나는 조금이라도 자신을 생각하고 자신을 소중히 여기는 사람이라면 자신의 바람대로 출세할 수 있다고 확신한다. 나는 사실 이것을 책으로 쓸 생각은 없었지만, 얼마 전 출판사의 한 여성이 나를 찾아와 이렇게 권해 주었다.

"선생님은 이렇게 힘든 세상에 성공하고 싶은 사람을 위해 지금까지 강연하신 내용을 알기 쉽게 책으로 출판하여 많은 사람들이 읽게 할 의무가 있습니다. 출세하고 싶은 사람은 모두 인생에서 진지하고 큰 꿈을 품고 있습니다. 선생님은 그들을 도울 수 있는 무언가를 가슴에 품고 계십니다. 부디 그것을 세상에 널리 알려주시기 바랍니다."

나도 제1차 세계대전 때 유럽 전투에 참전했고, 그 후로는 부상자의 직업알선 등을 하였으며, 제2차 세계대전으로 수많은 사람들이 힘들어하는 것을 몸소 공감하였다.

또한 평생 큰 포부를 품고 있는 사람들에게 훌륭한 꿈을 이루게 하고 싶다는 일념이 내 가슴을 뜨겁게 하고 있다. 그런 마음에서 나는 이 신념의 힘, 믿음의 마법이라는 것에 대하여 자세하고 총괄적으로 쓰게 된 것이다.

The Magic of Believing

믿음의 세계는
황금선으로 나눠져 있다

이 책을 읽는 사람 중에는 정신이 나갔거나 신내림을 받은 것이 아니냐고 여기는 사람도 있다. 나는 그런 사람들에게 내가 반세기 이상 세상을 살면서 오랫동안 사업가로 활약했고 신문기자와 라디오 강연자로서 많은 업적을 쌓았다는 것을 미리 밝혀두고 싶다.

내가 세상에 첫발을 내디딘 것은 신출내기 사건 담당 기자였다. 경찰서를 돌아다녀야 하는 기자라는 직업은 진실을 좇는 훈련의 반복이었기 때문에 무슨 일이든 그대로 받아들이는 일이 없다.

그리고 2년 뒤, 어느 큰 신문사의 종교면 기자 생활을 하기도 했다. 그때 여러 종류의 교주와 목사, 전도사, 승려뿐만이 아니라 정신요법과 신앙치료사 이외에도 심령술, 크리스천 사이언스, 신사상 운동, 태양과 우상을 숭배하는 종교 등 온갖 이단과 사이비 종교 사람들과도 친분을 쌓았다.

영국의 유명한 복음 전도사 G. 스미스가 미국을 순회하면 연설할 당시, 나는 매번 강단 옆자리에 앉아 미친 듯이 울부짖으며 넘어지고 뒹굴며 교회 통로를 우왕좌왕하는 사람들을 바라보며 묘한 감정에 사로잡혔다.

또한 기독교의 일파로 격렬한 감정으로 괴로워하며 몸부림치는 사람들의 집회에 처음 참석했을 때도 깜짝 놀랐다. 그 이후 온갖 심령 실험 모임에 참석하게 되면서 내 호기심은 더욱 강렬해졌다.

그 밖에도 한겨울에 부들부들 떨며 환희에 찬 목소리로 목욕재계하는 사람들과 인디언의 기우제 춤 등 나는 놀란 눈으로 온갖 의식을 바라보았다.

프랑스에서는 제1차 세계대전 당시 농촌 사람들의 조건 없는 신앙심과 피레네 산맥 기슭의 유명한 루드르(Lourdes: 1858년 성녀 베르나데트가 바위굴에서 성모 마리아의 발현을 목격한 후 교황청에서 성지로 지정함.)와 그 밖에도 수많은 성지에서 기적 치료 등도 호기심에 보고 들었다. 하와이에서는 카후나(Kahuna)라고 하는 종파 사람들이 기도로 사람을 죽이거나 살릴 수 있다고 하는 이야기를 듣고 깜짝 놀랐다.

신문기자 초기 시절, 유명한 영매(靈媒)가 법정에서 심령현상을 부정하는 많은 사람들에 둘러싸인 채 '영혼을 출현' 시키지 못해 유죄가 된 것을 지켜보기도 했다. 판사는 영매에게 만약 법정에서 영혼에 말을 할 수 있게 한다면 무죄 방면하겠다고 선언했다. 심령 현상을 지지하는 사람들은 과거 심령 실험 모임에서는 이 영매가 훌륭하게 심령 현상을 일으켰다고 증언하였지만, 나는 법정에서 완전히 무기력한 모습을 보고 대체 어떻게 된 일인지 알 수 없었다.

그 후, 나는 운명 점쟁이 사기단과 손금을 보는 집시에게 수정 구슬점, 별점 등에 이르기까지 온갖 사람들을 탐방하였다. 인디언 노인에게서는 나의 '수호신'이 내 과거, 현재, 미래는 물론이고 들은 적도 없는 내 친척의 신상에 대한 이야기도 들었다.

The Magic of Believing

황금선 안의
진귀한 세계

병원 침대에서 내 주변 사람들이 죽어가는 모습을 보았다. 그런데 훨씬 중병으로 보이는 사람들이 침대에서 벌떡 일어나 단기간에 쾌활하게 퇴원을 하는 것이었다. 반신불수의 사람들이 불과 이삼 일만에 고통에서 벗어나 완쾌되는 것을 보았다.

또한 팔에 구리로 된 링을 찬 류머티즘 관절염 환자가 완전히 나았다고 주장하는 사람도 만났다. 정신요법으로 난치병을 고친 사람도 있다. 친척 중에는 손에 난 사마귀가 자신도 모르게 사라졌다는 이야기도 들었다.

맹독을 가진 방울뱀에게 일부러 물리고도 살아난 사람의 이야기, 그밖에도 불가사의한 치료와 사건 등을 수백 건이 넘도록 듣거나 보았다. 다른 한편으로는 역사 속 위인전 등도 수없이 읽었다. 인생의 위업을 달성한 수많은 남녀 위인과도 인터뷰했다. 무엇이 그들을 이 세상에서 정상으로 오르게 하였는지 의심한 적도 종종 있었다.

야구나 축구 등의 스포츠 코치가 보기에도 형편없는 팀을 맡아 '무언가'를 주입하면 빠른 시간에 승리하는 강한 팀으로 변신한다는 것도 알게 되었다.

경제 불황 때, 어느 회사의 침체한 영업사원들이 뒷걸음질 치는가 싶다가 어느 순간 이전보다 놀라운 실적을 올리는 것도 보았다.

나는 선천적으로 호기심이 매우 강하다. 그 때문에 어떤 일에 대하여 항상 설명과 해답을 추구하는 일에 포기를 모른다. 쉽게 말하자면 집요한 탐구 욕구가 있다. 이 욕구는 나를 꽤 기묘한 곳들로 인도하였고, 아울러 내게 신기한 것들에 대하여 눈을 뜨게 해주었다.

종파와 종단이나 물리학이나 심리요법 등의 과학적 근거에 대한 책도 닥치는 대로 읽었다. 예를 들면 근세의 새로운 심리학과 형이상학을 비롯하여 먼 옛날의 마술, 아프리카 부두교, 인도의 요가, 접신술, 크리스천 사이언스, 프랑스의 쿠에의 암시요법(Emile Coue가 시작한 자기 암시요법), 그 밖에도 온갖 '정신 관계 연구'에 속하는 것은 물론이고 철학과 고대 철학 서적 등 말 그대로 셀 수 없이 많은 책을 독파했다.

그러나 이 책들의 대부분은 터무니없거나 이해하기 힘들었다. 하지만 놀라울 정도로 심오한 것도 있었다. 거대한 모든 교리에 있어서 만약 그것을 마음속으로 승인하고 순수하게 받아들이기만 한다면 어떤 효과가 나타나 한줄기 황금선이 경계선을 그으며 그 안팎의 세계를 구분해 준다는 것을 조금씩 깨닫게 되었다.

이 한 줄의 황금선은 '믿음' 이라는 단 한마디로 표현할 수 있다. 이것과 똑같은 원인, 혹은 원동력이라고 할 수 있는 신념이 대부분의 사람에게 심리요법의 효과를 발생시키는 것이다. 또한 어떤 사람을 높은 성공의 단계로 올려 주거나 그것을 믿는 사람에게 신비로운 체험을 하게 해 주었다.

왜 신념이 마술과 기적을 일으키는가에 대해서는 충분히 만족할 수 있을 만큼 설명할 수는 없다. 그러나 여기에는 의심의 여지가 없다. 믿기만 하면 순수한 마술, 혹은 기적이 일어나는 것이다.

'신념은 마술이다.' 라는 말에 대하여, 나는 확실하게 보조를 맞춰가며 전진할 생각이다.

정신 과학은 인류 역사만큼이나 오래되었다. 모든 시대를 통해 현명한 사람들은 이 과학을 이해하고 이것을 제대로 활용했다. 내가 맡은 임무는 수 세기에 걸쳐 계승된 이 위대한 진리를 현대의 언어로 써서 증명하는 것이다.

따라서 나는 여기에 소수의 위대한 정신가들이 행했던 일 등을 예시

하면서 당신의 주의를 환기할 생각이다. 다행히도 세상 사람들은 이제 막 '마음의 과학에는 뭔가 소중한 것이 감춰져 있다.'는 생각에 눈을 뜨기 시작했다. 나는 지금, 수백만 명의 사람들이 이 문제에 대해 알고 싶어 하고, 이것을 이용하면 큰 도움이 될 수 있다는 생각을 품고 있다.

The Magic of Believing

마음먹은 대로
이루어지는 체험의 세계

이제 내 삶 중에서 두세 가지 작은 경험을 먼저 이야기하고자 한다. 당신은 이야기를 통해 이 마음의 과학을 훨씬 쉽게 이해할 수 있을 것으로 생각한다.

제1차 세계대전 당시, 나는 어떤 연대에도 소속되지 않은 부 정규군으로 프랑스에 상륙했다. 이 때문에 상당 기간 근무를 하지 않으면 급여를 받지 못한다는 사실을 알게 되었다. 출항 전에 마련했던 용돈은 불행하게도 배 안 매점에서 다 써버리고 말았다. 급여를 받을 때까지 껌이나 담배 등의 군것질거리를 사지 못한 채 입을 꾹 다물고 참을 수밖에 없었다. 동료가 담배 연기를 내 얼굴을 향해 내뿜을 때마다 나는 무일푼이라는 사실에 비참함을 느꼈다.

어느 날 밤 우리는 발 디딜 틈조차 없이 빽빽한 열차에 태워졌다. 잠을 잘 생각조차 하지 못했다. 나는 밤새도록 만약 제대하기만 하면 '돈을 왕창 벌어야겠다.' 고 마음속으로 굳게 결심했다. 그렇게 내 삶은 크게 변하였다.

나는 원래 젊어서부터 책 읽는 것을 좋아했다. 집에서는 의무적으로 성경을 읽었다. 어릴 때는 무전, X선, 고주파 전기기구 등에 흥미를 느껴 이런 책들을 닥치는 대로 읽었다. 그러나 방사선, 주파수, 진동과 자력파 등에 대해서만 정통한다고 하더라도 그것은 전기 영역에 국한된 것으로 그 이외의 것에 관해서는 생각조차 한 적이 없었다.

마음의 문제를 전기나 진동파처럼 관련지어 생각하게 된 것은 법률학교를 졸업한 해에 T.J 허드슨의 『초심리 현상의 법칙』이라는 책을 선생님께서 빌려주신 때부터였다. 하지만 내 마음은 심오한 철학을 받아들이기에 아직 충분하지 않았다.

그런 심리 상태에서 나는 심야 열차 안에서 밤새도록 잠을 이루지 못한 채 큰 부자가 되겠다고 마음속 깊이 결심한 것이다. 하지만 그 당시 큰 포부를 품게 된 원동력이 되어줄 자동차에 시동을 걸게 된 것이지만 적어도 그 원인을 만든 것이 바로 나 자신이라는 사실을 전혀 깨닫지 못했다. 내 생각과 신념의 힘 덕분에 재산이 축적될 것이라고는 전혀 깨닫지 못했다.

그러고 나서, 다시 말해 마음속으로 굳게 결심하고 나서 미지의 힘에 이끌려 일련의 수수께끼 같은 사건이 내 주변에서 연속으로 발생하더니 아무 이유도 없이 군의 신문기자로 발탁되었고, 전쟁이 끝나고 귀국을 하자 알지도 못하는 유명한 투자 은행의 대표로 부터 연락을 받아 그 은행에서 근무하게 되었다. 모든 것이 우연의 연속이었다.

은행에서의 첫 월급은 보잘것없었지만, 아무튼 돈을 모을 기회를 잡을 수 있는 직업에 종사하게 되었다. 단, 어떻게 하면 돈을 모을 수 있는지에 대해서는 아직 알 수 없었다. 하지만 왠지 모르게 원하는 재산을 축적할 수 있다는 것만은 직감할 수 있었다.

그렇게 나는 10년도 채 되지 않는 동안에 간절히 바라던 금액을 축적한 것은 물론이고 처음 목표를 뛰어 넘는 큰 돈으로 결국 그 은행의 대주주가 되었을 뿐만 아니라 몇몇 유력한 사업에도 투자할 수 있을 정도가 되었다.

훗날 나는 태평양 연안의 유명한 투자 금융회사의 부사장이 되기도 했다. 이런 세월을 통해 내 마음의 눈은 끊임없이 재산이라는 이미지를 품게 되었고 한시도 마음을 떠난 적이 없었다. 특히 이 '마음의 눈'의 이미지라는 것을 마음속에 새겨두기를 바란다. 왜냐하면 이것은 뒤에서 설명하고자 하는 '신념은 마술이다.' 는 과학과 깊은 연관이 있기 때문이다.

대부분의 사람은 마음속이 텅 비어 멍한 상태일 때, 예를 들어 전화로 이야기를 하고 있으면서 옆에 있는 공책이나 메모지 등에 무작정

선을 긋거나 의미도 없는 낙서를 한다.

　내가 하는 낙서는 책상 위에 있는 종이에 $ $ $…, 달러 표시를 끝없이 그리는 것이었다. 내 앞에 놓여 있는 모든 파일의 두꺼운 표지에는 이 $ 표시의 낙서가 어지럽게 그려져 있다. 전화번호부 표지, 메모지 그리고 중요한 연락처 명부 속에도 이 낙서로 가득하다.

The Magic of Believing

기술의
반복이 중요하다

다시 한번 말하지만, 이 이야기를 특히 기억 속에 각인시켜 주기를 바라는 것은 뒤에서 자세히 설명할 마술을 사용하는 과학의 중요한 기술이기 때문이다.

과거의 내 경험으로 미루어볼 때, 사람 대부분의 고민은 주로 금전적 문제이다. 특히 경쟁이 심하고 곤란한 시절에는 금전적인 고민으로 골머리를 앓는다. 그러나 나의 과학은 그 외의 모든 난제에 대하여 그 어떤 욕구에 응용하더라도 효과적인 작용을 하여 훌륭한 성과를 거둘 수 있다.

그 일례로 또 하나 나의 작은 체험을 소개하기로 하겠다.

『지구를 뒤흔들 강력한 TNT』라는 안내장 문구를 떠올리고 그것을 마음속으로 그리고 있을 즈음, 식당 메뉴가 훌륭하기로 유명한 엔플러스 오브 제팬이라는 배로 태평양 관광을 떠났다.

나는 이전부터 캐나다와 유럽 여행에서 캐나다의 트라피스트 치즈에 특별한 관심을 두고 있었다. 선상 식탁에 앉은 나는 식당의 메뉴에 이 유명한 치즈가 나오지 않아 주방장에게 "그 치즈를 먹고 싶어서 이 배에 탔는데."라고 살며시 미소를 지으며 중얼거렸다. 그러자 이 배에는 그 치즈가 준비돼 있지 않아 미안하다는 대답을 들어야 했다. 그러나 없다는 이야기를 듣자 먹고 싶다는 생각이 점점 더 간절해졌다.

어느 날 밤, 손님들을 위한 파티가 끝나고 한밤중에 선실로 돌아와 보니 테이블 위에 한 번도 보지 못했던 엄청난 크기의 치즈가 놓여 있었다. 그것은 바로 트라피스트 치즈였다. 나중에 주방장에게 물어보자 그는 이렇게 대답했다.

"분명 배의 식료품 창고에는 실려 있지 않았는데 혹시나 해서 선창 바닥에 비상식량으로 준비해 둔 것이 생각 나 살펴보니 있더라고요."

이 배에서 나는 훌륭한 대우를 받았다. 베테랑 선원과 테이블을 함께 했고, 배 안 이곳저곳을 정중히 안내해 주었기 때문에 좋은 기분으로 하와이 관광을 즐길 수 있었다. 그리고 돌아오는 다른 배에서도 이런 대우를 받을 수 있다면 좋겠다는 생각을 하게 되었다. 어느 날의 일이다. 급하게 집으로 돌아가고 싶어 배표를 사러 달려갔다. 하지만 문을 닫기 직전의 시각이라 조마조마했다. 겨우 남은 배표 한 장을 구할 수 있었다. 다음 날, 나는 정각 2, 3분 전에 뱃전 계단을 오르면서 혼자 이렇게 중얼거렸다.

'즐거운 여행이었어. 돌아가는 이 배에서도 선장의 메인테이블에 앉을 수 있으면 좋으련만…. 메인테이블에 앉고 싶어.'

배가 출발하여 원양으로 나가자 식당 종업원이 테이블 좌석을 정해야 하니 승객들은 모두 식당으로 모이라는 연락이 왔다. 내가 좌석 담당자에게 표를 내밀자, 그는 표를 유심히 살피고 나를 쳐다보며 말했다. "A 테이블의 5번 좌석입니다." 이 자리는 선장의 테이블로 내가 바라던 대로 선장의 정면에 앉을 수 있게 되었다.

많은 시간이 흘러 내가 강연을 하고 있을 때의 일이다. 선장에게 당시의 상황을 확인하면 도움이 될 것 같아 편지를 보냈다. 그리고 다음과 같은 회답이 왔다.

'잘 아시겠지만, 저희의 삶은 무언가 본능적으로 이렇게, 또는 저렇게 하고 싶다는 생각이 불현듯 떠오르는 경우가 있습니다. 그 날은 선장실 입구에서 승선 계단을 오르는 손님들을 살펴보고 있었는데 선생님이 타는 모습을 보고 왠지 모르게 제 테이블에 초대하고 싶다는 생각이 들었습니다. 그것 말고는 다른 이유는 없습니다. 배를 부두에 댈 때 단번에 성공하는 경우가 자주 있습니다. 말하자면 그것과 마찬가지로 직감입니다.'

이 이야기를 듣고 '신념은 마술이다.' 라는 것을 모르는 사람들은 선장이 나를 선택한 것이 그저 우연의 일치라고 여길 것이다. 나는 그렇지 않다는 것을 확신하고 있다. 선장도 지금은 내가 말하는 과학에 대해 잘 알고 있기 때문에 내 생각에 동의할 것이다. 당시 승객 중에는 VVIP만 해도 10명은 넘었을 것이다. 나는 특별히 튀는 외모가 아닌 그저 군중 속의 일원에 불과했다. 그 때문에 내 복장과 태도를 판단하여 수백 명의 승객 중에서 선장이 특별히 나를 선택하여 우대해 준 것은 결코 아니다.

나의 실용 과학을 설명하는 데 있어서 우선 말해두고 싶은 것은 그런 것들이 종교나 심리학 등에서 이미 여러모로 다루었다는 점이다. 하지만 종교나 신비주의, 혹은 심리학적 뉘앙스가 풍기면 그런 것을 멀리하려는 사람이 많다는 것도 잘 알고 있다. 따라서 특히 비즈니스 세계에서 이용되는 단순한 표현방법으로 이야기하고 있다. 확실하고 쉬운 말로 표현하면 내 생각을 폭넓은 사람들에게 전달할 수 있다고 생각하기 때문이다.

'무슨 일이든 할 수 있다고 믿는다면 그것은 분명히 가능해진다' 라는 명언을 들은 적이 있을 것이다.

라틴어의 오래된 격언에 이런 말이 있다.

"가질 수 있다고 믿어라, 그러면 가지게 될 것이다."

신념은 당신의 숙원을 풀어줄 원동력이다. 만약 당신이 병이 들었을 때, 마음속 깊이 반드시 완쾌될 것으로 생각하고 그런 신념을 품는다면 분명히 치유력이 강해질 것이다. 신앙이나 마음속 깊은 곳에서 우러나는 신념이 당신 신체의 외부적, 또는 물리적 효과를 일으키는 것이다.

내가 말하는 것은 보통의 마음, 정상적인 상태의 사람들에 대해 말하고 있는 것이다. 몸이 불편한 사람이 유명한 야구나 축구선수가 될 수 있다거나 평범한 여인이 하룻밤 새 엄청난 미인이 될 수 있다고 공언하는 것이 아니다. 그것은 처음부터 가능성이 없는 결코 불가능한 일이기 때문이다.

그러나 놀랄만한 요법이 이루어진 예도 있으니 그런 일이 절대로 없다고 단정할 수는 없다. 마음의 힘이라는 것에 대하여 더욱 확실한 연구가 지속한다면 지금의 의학에서 불가능하다고 여기고 있는 요법으로도 효과가 높아질 것이라 확신한다. 나는 어떤 일이든 절망적이라고는 생각하지 않는다. 이 세상에서 무슨 일이 일어날지 아무도 모른다. 모든 일에 밝은 기대감을 품고 있다면 예상 이외의 일을 실현하는 데 큰 도움이 되게 마련이다.

The Magic of Believing

잠재의식에 내재된
신념의 힘

영국의 유명한 의학자 A. 캐논 박사의 마음에 관한 저서는 세계적인 논쟁거리가 되었는데, 박사는 이렇게 말했다.

"게의 집게발은 재생이 된다. 인간도 잃어버린 다리를 재생하지 못할 이유가 없다. 단지, 인간은 마음속으로 재생할 수 없다고 단정하고 있을 뿐이다. 그런 마음만 없앤다면 다리는 재생할 수 있을 것이다."

박사의 말을 빌리자면, 만약 잠재의식 속에서 이런 사고방식만 바꾼다면 게가 집게발을 재생하는 것처럼 인간도 다리의 재생이 가능하다는 것이다. 이런 터무니없는 주장은 신용하기 어렵다는 것은 나도 잘 알고 있다. 그러나 그런 일이 미래에도 절대 불가능하다고 누가 단언할 수 있겠는가?

나는 내과와 외과 등 모든 부분의 전문의들과 자주 점심을 먹는다. 만약 그 자리에서 인간 육체의 재생론을 제시한다면 분명히 나를 정신 병원에 보내려고 하는 사람이 있을지도 모른다. 그러나 최근 미국 최고의 의과대학을 졸업한 사람들 사이에서는 육체 구성의 장애와 치료에 있어서 마음가짐이 얼마나 큰 작용을 하는지에 귀를 닫아버리려는 경향은 구시대적 사고방식으로 치부하고 있다.

불과 몇 주 전의 일이다. 이웃 사람이 나를 찾아와 손에 난 사마귀를 제거한 경험에 대하여 이야기해 주었다.

그는 병으로 입원한 적이 있었는데 어느 날 베란다에 나갔다가 병문안을 온 사람과 다른 환자의 이야기를 엿들을 수 있었다고 한다. 그는,

"네 손의 사마귀를 제거하고 싶으니? 내가 세어주면 사라질 거야."

그러자 이 말을 들은 또 다른 환자가 정중하게 부탁했다.

"하는 김에 내 것도 세어주지 않겠습니까? 저도 이 지긋지긋한 사마귀를 없애고 싶습니다."

그 일에 대하여 까맣게 잊고 있었던 어느 날, 그가 퇴원하고 문득 손을 보니 많았던 사마귀가 전부 다 사라져버렸다고 한다.

하루는 내가 이 이야기를 의사들이 모인 곳에서 이야기하자 나와 친분이 있던 유명한 전문의는 화를 내며 "무슨 바보 같은 소리!" 라고 소리쳤다. 그러나 테이블 반대편에 있던 의학부의 한 교수는 암시 요법

으로 사마귀가 치료된 실례는 얼마든지 있다고 응원해 주었다.

제2차 세계대전 말, 콜롬비아 대학의 의학부에서 잠재의식과 정신과의 육체적 관계 등을 연구하기 위해 처음으로 정신분석과 사이코소매틱스(psychosomatics: 정신과 육체의 연관 치료)과를 신설하였다. 그 몇 년 전에 이미 스위스의 지리학자 하임이 암시로 사마귀를 제거하였고, 마찬가지로 스위스의 전문의 블로크 교수가 암시의 힘을 같은 목적으로 사용했다고 말한 내용이 신문과 의학지 등에 실렸다.

그 후 캐나다의 유명한 의사 칼츠 박사의 소견에 의하면 암시는 분명히 효과가 있고 전염성 바이러스에 의해 생기는 사마귀도 치료되었다고 한다. 캐나다 의학 협회지에 발표된 박사의 논문에는 이렇게 적혀 있다.

'세계 각국에서 사마귀를 제거하는 온갖 미신이 횡행하고 있다…. 거미줄로 묶거나 새달이 뜰 때 두꺼비 알을 네거리 한복판에 묻는 등 갖가지 방법이 있다…. 이런 모든 마술을 만약 환자가 그 효과를 믿기만 한다면 모두 효과를 볼 수 있다.'

칼츠 박사는 또 이렇게 말했다.

"나는 다른 의사들이 시험해 보고 효과가 없었던 고약을 환자가 희망을 품을 수 있는 말을 해주며 처방하였다. 그러자 바로 치료 효과가 나타났다. 또한 고출력 스위치가 고장난 X선 요법에서도 암시의 힘이 효과가 있었다. 계획적으로 다르게 방사하는 실험을 통해 그 효과가 입증되었다."

　이렇듯 박사는 환자를 통해 '신념의 마술'이 실제로 사마귀를 치료하는 효과를 거두었고, 그 밖의 피부질환에도 효과가 있다는 것을 입증하였다.

텔레파시

하루는 친한 의학자들과 모임에서 텔레파시에 대한 이야기를 나누었다. 몇몇 연구가와 과학자들도 텔레파시를 믿는다고 했다. 나는 록펠러 의학재단의 A. 카렐 박사도 텔레파시를 믿고 있는 것은 물론이고 인간은 멀리 있는 다른 사람에게 생각을 전달할 수 있다는 과학적 증거가 있다고 말한 것을 이야기해 주었다. 그러자 미국 의학협회 회원으로 전국에서 유명한 한 전문가가 테이블 반대편에서 이렇게 말했다. "카렐 박사는 노인 아닙니까?"

나는 깜짝 놀라 눈을 크게 뜨고 폭언자의 얼굴을 쳐다봤다. 카렐 박사는 『Man, The unknown: 인간, 미지의 존재』(인간의 조건, 본사 刊)라는 명저를 써서 노벨상을 받은 사람이었다.

나는 의학자들을 비난할 생각은 전혀 없다. 모임에는 나와 둘도 없는 친구도 있었다. 그러나 내가 모임에서 이런 이야기를 꺼낸 것은 일부 의학 전문가들이 전문분야의 연구에만 머무르며 젊어서 배운 것과 개인적인 생각에 사로잡혀 그것을 뒤집을 수 있는 새로운 사실을 전혀 받아들이려 하지 않는 경향이 있다는 것을 지적하고 싶었기 때문이다.

그런 불필요한 저항은 의학계뿐만이 아니라 모든 전문가와 사업가 등도 마찬가지로, 자신이 있는 위치 이외에는 전혀 모르고 자신의 좁은 상상력만이 미치는 범위 이외의 새로운 사상을 받아들이려 하지 않기 때문이다. 바로 기득권을 유지하려는 안일한생각 때문일 것이다.

나는 몇 번이고 그런 사람들에게 책을 빌려줄 테니 읽어보라고 권했지만 대부분의 사람은 그런 책은 흥미가 없다며 거절했다.

이것은 하나의 역설이다. 남들이 보기에 교양이 높은 남성과 여성도 정신의 위력을 인정하지 않는 것은 물론이고 처음부터 부정하고 사고와 정신 등에 대해서는 깊이 생각하려 하지 않는다. 그러나 그들은 모두 어느 정도 성공할 수 있었던 것도 자신도 모르는 사이에 그 힘을 이용했기 때문에 가능했다.

다시 말하면, 많은 사람은 믿고 싶은 것만을 믿는다. 아니면 자신의 형편에 맞는 것만을 믿으려 하고 그 반대되는 것은 모두 거부하려는 것이다. 우리가 사는 오늘날의 세계 문명을 만드는 토대가 된 사상도 그들이 살아 있는 동안 무지한 사람들의 조롱과 경멸을 당해 십자가에

못 박히기까지 했다. 나는 문득 영국의 소설가 M. 코렐 리가 한 말이 생각났다.

"많은 사람이 게으른 마음과 무관심 때문에 놓치고 있는 것에 대하여 어떤 사람이 천운을 타고나서 무언가 특별한 이익을 얻었다면, 순식간에 약자와 어리석은 자들의 원성과 분노를 사게 된다. 문외한은 그를 둘러싸고 있는 신비한 마음의 세계를 확실히 깨닫지 못한다. 그 때문에 마음의 세계란 그런 사람들에게는 닫혀 있는 책과 마찬가지다. 그들 스스로 펼치려고조차 하지 않는 책이다. 따라서 성인들은 심원한 지식을 대중에게 공표하고 싶어 하지만, 그것은 일반 대중의 속 좁은 마음의 한계와 사고방식 때문에 진리를 왜곡시킬까 두려워하기 때문이다. 어리석은 사람은 배울 수 없는 것은 조롱하고 자신의 어리석음을 드러내는 대신에 그렇게 조롱으로 우월감을 드러내고자 하기 마련이다."

그러나 세상의 위대한 연구가와 사상가 그리고 많은 과학자는 이제 대중의 눈앞에서 이 문제를 자유롭게 토론하고 그 실험 보고서를 공표하고 있다. 제너럴 일렉트릭(GE)의 유명한 기술자 C. P. 슈타인 메츠는 이렇게 공언하였다.

"다음 50년 동안 가장 중요한 진보를 거두게 될 것은 정신세계, 다시 말해 사고와 영혼일 것이다."

노스 웨스턴 대학의 심리학 교수 R. 골트 박사는 이렇게 말했다.

"우리는 인간의 내면에 잠재된 신비한 능력에 대한 지식을 해명할 시대의 문 앞에 서 있다."

신비한 힘, 미지의 능력, 과학을 초월한 형이상학, 마음의 과학인 심리학, 미개인과 문명인의 마술 등 이 모든 것들은 말하자면 초자연의 세계가 있음을 연상케 한다. 그런 생각을 하는 것은 일부 사람들에 지나지 않을 수도 있다.

그러나 내 결론은 그런 것들의 힘에 대하여 설명할 수 없는 단 한 가지, 그런 위대한 효과를 믿는다는 단 한 가지 것에서 비롯되는 것이 어째서인가 하는 점이다.

수입을
몇 배로 늘리기

　많은 오찬 모임과 기업 회합과 영업사원 모임 등에 참석하거나 라디오를 통해 수천 명의 사람에게 이 과학을 몇 년 동안 설명해 온 나는 놀랄만한 성적을 눈으로 목격하였다. 앞에서 말했던 것처럼 이 기술을 일상의 업무에서 응용한 사람들은 수익을 배, 세 배, 네 배로 늘리고 있다. 개중에는 몇 배가 아니라 그 이상의 놀랄만한 실적을 올린 예도 몇몇 있다.

　내가 보관하고 있는 서류 중에는 세상의 모든 부분에서 활약하고 있는 사람들이 보내온 보고서와 감사장이 셀 수 없을 정도로 많으며 모두 다 이 과학을 이용하여 어떤 성과를 거두었는지를 입증하고 있다.

　그 일례로 라디오 청취자들에게 익숙한 A. C 딕슨은 몇 년 전에 이 과학을 이용해 10만 달러를 벌었다는 편지를 보내왔다.

그의 말에 따르면 한때 이 문제를 학문적으로 연구하였지만 43살이
된 해에 통장 잔액이 불과 65달러였고, 게다가 실직까지 하게 되어 과
연 이 과학이 효과가 있을지 실제로 해보기 전까지는 도저히 믿기 어
려웠다고 한다. 이 편지의 요점만 간략하게 소개하기로 하겠다.

『지구를 뒤흔들 강력한 TNT』라는 소책자를 처음 손에 넣었습니다.
이 책은 제가 이전부터 알고 있던 것을 실제로 활용할 수 있도록 설명
하고 있습니다. 그리고 처음 나이아가라 폭포를 보는 것 같은 느낌이
들었습니다. 그런 폭포가 있다는 것은 이전부터 알고 있었지만 직접
체험하는 것은 일종의 확인이었습니다.

이 소책자는 제가 이미 알고 있고 사용하고 있었다는 사실을 알기
쉽게 설명하고 있습니다. 매일 읽고 실제로 응용할 수 있도록 설명돼
있습니다. …그 효과를 현금으로 계산하면 어느 정도의 가치가 있는
걸까요? 세상 사람들은 일단 구체적인 돈으로 환산해 보지 않으면 거
의 그 가치를 깨닫지 못하기 때문입니다. 제 대답은 이렇습니다. 저는
43살에 파산하여 가족들의 생계까지 위협을 받았지만 이런 상황에서
도 10만 달러를 벌었습니다. 그리고 그 돈은 대부분 보험과 연금 등에
넣어두었습니다. 저는 500달러를 대출받아 시작한 사업을 3만 달러의
매출을 올릴 수 있었고, 앞으로 10년 동안 아무것도 하지 않아도 5만
달러가 들어오는 계약을 해 놓았습니다. 일을 하면 할수록 그 이상의

수입을 올릴 수 있습니다. 이것은 허풍이 아닙니다. 최근 10년 동안에 실제로 일어난 거짓 없는 사실입니다. …그런 일들은 순간적으로, 또는 하루, 혹은 한 달 등의 짧은 시간 내에 가능한 일이 아닙니다. 그러나 반드시 실현됩니다.'

증명해 주는
편지는 많다

1943년, 세계 최대의 경제 불황 속에서 태평양 연안 대도시의 사업 추진 국장은 내 가르침을 실천한 회사와 개인이 훌륭한 성적을 거두고 있다는 이야기를 듣고 내가 하는 일을 조사한 적이 있었다. 그리고 이 것을 사람들에게 장려하고 내게 이런 편지를 보내왔다.

'귀하의 가르침을 사업에 응용하여 성공했다는 많은 실험자의 진술에 근거하여 귀하의 가르침이 최근 수년 동안 다른 그 어떤 원인이나 사람의 힘보다 사업 개선과 촉진을 위해 많은 업적을 세웠다는 것을 확신합니다. …저는 귀하가 실현하고 있는 경이적인 성과의 소문을 듣고 너무나도 엉뚱하여 의심하였습니다. 그러나 조사를 해 보니 그 교훈을 실행하고 있는 회사 간부들이나 수입을 몇 배로 증가시킨 영업사원 등의 이야기를 종합하고, 또한 직접 귀하의 강연을 듣고, 혹은 제 스스로 이 테마에 대해 연구해 보고 놀랄 만큼 역동적인 위력이 있다는 것이 명백해졌습니다. 물론 모든 사람이 순식간에 이해할 수 있는 것은 아닙니다. 그러나 귀하의 가르침을 받고 그것을 실행에 옮기는 사람은 회사는 물론 개개인까지 놀랍고 독특한 위력을 발휘하였습니다. 귀하는 그것을 실제로 증명해 보였습니다. 귀하가 깨달은 것, 귀하가 사람들에게 전수한 것은 진정한 기쁨이라고 생각합니다.'

이 편지를 쓴 사람은 이후 다른 도시에서 사업가로 명성을 날렸고, 최근에는 이 과학에 대하여 또 다른 놀랄 만한 효과를 발견했다고 알려왔다.

이 과학을 이용해서 놀라운 실적을 올린 사람들이 보내 준 확인 편지는 매우 많다. 많은 사람들이 계속해서 자신의 실적을 증언해 주었는데, 그중에서도 가장 인상적인 것은 미국 상이군인원조협회로 유명한 D. 퀘일 씨의 편지였다.

'당신의 사상을 받아들이는 것은 쉬운 일이 아니었습니다. 그러나 결국 이해할 수 있게 된 사건이 있었습니다. 1924년, 저는 하지 마비로 인해 목발에 의지해 겨우 걸을 정도의 가까운 거리도 달팽이 같은 속도로밖에 걸을 수 없었습니다. 한때 은행의 중역이었던 저로서는 이런 삶이 너무나 견디기 힘들었습니다. 불행 중 다행히 저의 장애가 전쟁 중의 격무로 인한 것이 인정되어 정부의 보조를 받을 수 있다는 것이 작은 위안이었습니다. 하지만 정부의 방침이 바뀌어 제 이름이 보조 명부에서 빠지게 되었고 저는 당장 생계를 걱정할 처지가 되었습니다. 집도 재산도 모두 처분해야 하는 처지에 놓여 웃음을 잃은 삶이 되었습니다. …저는 필요에 의해 선생님이 가르쳐주신 법칙을 실행하는 것 말고는 달리 방법이 없었습니다. 신체적 장애 때문에 다른 일을 할 수 없는 제가 어쩔 수 없이 해야 했던 보험과 회계사 일도 저를 살린 원인 중의 하나였습니다. 이제 저는 만족스러운 삶을 살면서 어느 정도의 부를 축적하였고 성공으로의 길을 깨달았습니다.'

내가 이 사람을 처음 만난 것은 그가 철물점 앞에 책상 하나를 놓고 막 일을 시작했을 때의 일이었다. 그 후로 해마다 발전함에 따라 사업장을 이동하는 그의 모습을 보는 것은 내게는 큰 즐거움이었다. 현재 서부 대도시의 번화가 빌딩의 한 층 전부를 쓰고 있을 정도로 발전한 모습은 자랑스럽다고밖에 달리 표현할 수가 없다. 그의 편지 내용을 인용해 보겠다.

'세상에 도움이 된다면 있는 그대로 편지에 쓰겠습니다. 현재, 길모퉁이 전역을 차지하고 있으며 종업원은 28명입니다. 근처에 건물을 짓기 위해 땅을 매입했습니다. 세상 사람 모두가 선생님의 가르침을 실행하기를 바라고 있습니다.'

The Magic of Believing

회사를
파산으로부터 구하라

편지의 주인공이 이 과학을 받아들인 것은 나중에 출판하기 위해서가 아니라 나와 연관이 있던 회사를 파산으로부터 구하기 위해서였다. 당시 나는 유명한 투자 금융회사의 부사장이었다.

회사는 경제 공황에 내몰려 일대 위기에 직면하고 있었다. 어떤 영감에 의해서인지 모르겠지만, 나는 첫 안내장을 구술로 5시간이 채 되지 않은 시간에 끝냈다. 더군다나 어떤 메모나 참고자료도 없이 끝낼 수 있었다.

안내장을 만들어야겠다는 생각이 떠오름과 동시에 『우주 의식』이라는 말이 마음 한편에 자리하고 있었다. 그때는 그것에 깊은 의미를 느끼지 못했다.

한 가지 재미있는 일화가 있다.

『지구를 뒤흔들 강력한 TNT』를 출판하고 나서 뉴욕에 사는 여성 작가의 손에 들어간 뒤에 비로소 『우주 의식』의 의미를 알게 되었다. 왜냐하면 그녀가 내게 다음과 같은 편지를 보내왔기 때문이다.

'사실 저는 최근 10년 동안 선생님의 『지구를 뒤흔들 강력한 TNT』에 적힌 그 오묘한 이치를 자나 깨나 줄곧 생각하였는데 그 이치가 결국 기차 요금 없이도 저를 뉴욕으로 인도하였습니다. 주급이 불과 30달러이던 시절, 제 원고를 출판사가 사주면서 몇 번이고 제게 뉴욕 여행을 할 기회를 주었으며 은빛 여우 목도리도 몇 개를 살 수 있게 해주었습니다.'

그녀는 내게 이 편지에서 R. M 버크 박사가 쓴 『우주 의식』이라는 책을 읽으라고 권하였다. 그 책에는 정신 속에 빛나는 빛의 체험(다른 말로 표현하자면 우주적 광대한 양식의 자각)에 대한 훌륭한 내용이 적혀 있었다.

실제로 나 또한 비슷한 체험을 하였고, 버크 박사가 강조하여 설명하고 있는 사실과 너무나도 흡사하여 깜짝 놀랐다. 이 책의 원래 원고에도 '반짝이는 하얀 빛'을 본 내 체험을 자세하게 묘사하고 있으며, 그 원고를 친구에게 보여주자 "이 하얀 빛이란 뜻이 무엇인지 독자들은 알 수 없을 걸세. 사람들은 자네 머리가 좀 이상해졌을 거로 생각하겠지."라며 다음과 같이 바꾸라고 충고하였다. 나는 그의 조언에 따라 일부를 삭제하고 수정하였다. 하지만 '우주적 광명이나 의식 혹은 양식' 등에 대해 알고 이 책의 최초 소재가 된 안내장을 읽은 사람이라면, 내가 비록 친구의 조언에 따라 내용을 축소하여 적었다고 하더라도 그 '광채'라는 깊은 의미를 깨달을 것이다. 나는 당시의 귀중한 체험을 평생 잊을 수가 없다. 내가 지금까지 읽거나 연구한 모든 것을 뛰어넘는 다양한 지식과 이해를 그 짧은 순간에 체득한 것이다.

『우주 의식』의 느낌과 함께 전광석화처럼 스친 것은, 우리 회사가 암초에 부딪히게 된 것은 주변 상황 때문이 아니라 회사 간부들과 종업원의 마음가짐이 원인이라는 사실이었다.

우리는 대중이 품은 공포심에 감염되어 압도당한 것이다. 우리는 경제 불황이 모든 사람의 기력을 꺾어 모든 것을 재난의 심연으로 추락시키려 하는 것을 두려워했다. 우리 자신의 파멸을 두려워하다가 오히려 스스로 파멸을 초래한 것이다.

그렇게 나는 회사를 살리기 위해 공포와 싸우려면 제일 먼저 사원 모두의 사고방식을 확 바꿔놓지 않으면 안 된다고 생각했다. 그리고 그 작업에 착수했던 것이다. F. C 캠프라는 남자가 이 안내장의 서문에 말한 것처럼 그것은 '사원과 회사 전체의 운명을 뿌리째 뒤집어 놓을 만큼 획기적인 작업'이었다.

마음의 과학에
대한 경고

    내가 주장하는 것의 일부는 대학 강단에 서는 심리학자의 처지에서 본다면 조롱거리에 불과할 수도 있다. 그런데도 현재 미국에서는 수천 수만 명의 사람들이 이 과학이 효과가 있다는 것을 일상에서 실제로 증명하고 있다.

    당신에게는 그것이 과연 효과가 있는지가 무엇보다 중요한 문제일 것이다. 솔직히 말해 그것을 증명할 수만 있다면 어떤 식으로든 이용해도 효과가 있지만, 반드시 주의해야 할 점은 사람에게 도움이 되는 일에 사용해야지 악행을 목적으로 결코 사용해서는 안 된다는 것이다.

    인류가 이 땅에 나타난 이래 선과 악이라는 두 가지 미묘한 힘이 이 세상에 작용하고 있다. 두 가지 모두 놀랄 만큼 강력한 힘이 있고, 둘다 대중을 규합하는 마음의 위력이다.

만약 당신이 이 책의 내용을 음미하며 읽는다면 이 과학이 얼마나 놀라운 파괴력을 가지는지, 반대로 건설적인 선을 위한 위대한 힘이라는 것을 마음속으로 깨닫게 될 것이다.

그것은 물과 불처럼 자연계의 힘과 마찬가지다. 물과 불은 인간에게 큰 작용을 하는 은인과도 같은 것이지만, 둘 다 끔찍한 파괴력으로 엄청난 재난을 초래하기도 한다. 건설에 사용하는 것과 파괴에 사용하는 것은 엄청난 차이가 있다.

그러므로 이 '마음', 또는 정신의 과학을 악용하지 않도록 최대한 주의를 기울여야 한다.

만약 당신이 사람들에게 피해를 주는 악을 목적으로 사용한다면, 그것은 돌고 돌아 결국 자신에게 돌아와 스스로를 파멸시킬 것이다. 수세기에 걸쳐 역사가 이 사실을 증명하고 있다. 당신 주변에도 그 증거를 볼 수 있을 것이다.

이것은 단순히 겁을 주기 위한 것이 아니라 모두 다 사실에 입각한 엄숙한 경고이다.

02장

마음이란
무엇인가

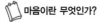 **마음이란 무엇인가?**

여기서 다루는 문제를 더욱 확실히 하기 위해 내 사고 자체, 그것과 동반되는
현상을 먼저 생각해 보기로 하자. 사고라는 것은 과연 무엇일까? 그건 아무도
모른다. 아는 것이라고는 고작해야 사고란 정신의 어떤 작용이라는 정도이다.
전기(電氣) 또한 그 실체에 대해서 아무도 모르지만 곳곳에서 그 작용을 볼 수
있는 것과 마찬가지로 사고라는 작용을 할 때, 마음이 겉으로 드러나는 모습
이라고 한다면 곳곳에서 그것을 확인할 수 있다.

아이들의 행동과 표정, 혹은 노인과 동물에 있어서, 사실상 모든 생명체에서
온갖 서로 다른 정도로 마음의 표출을 보게 된다. 어떤 대상을 사고하는 마음
의 작용을 생각하고 깊이 연구할수록 마음이 얼마나 놀라운 위력을 갖고 있고
가늠할 수 없이 넓고 깊은 힘이 있다는 것을 깨닫게 된다.

일단 이 책을 읽으면서 주변을 둘러보라. 만약 당신이 지금 거실에 있다면 당
신의 눈에는 여러 가지 사물들이 보일 것이다.

시각을 중점으로 생각한다면 그렇지만 좀 더 깊이 생각해 보면 그 물건들은
누군가의 창조적인 작용에 의해 하나의 사물로 만들어진 것이다. 다시 말해
당신은 그 바탕이 되는 창작자의 착상과 사고를 바라보고 있다. 가구, 창틀,
테이블보와 커튼 등을 만들게 된 최초는 인간의 사고로부터 비롯된 것이다.

자동차, 고층 빌딩, 상층권을 나는 비행기, 재봉틀, 작은 바늘, 그 밖에도 수백
수천에 달하는 물건들은 어떻게 해서 만들어졌을까? 이것을 깊게 생각해 보면
그 근원은 모두 하나라는 사실을 알 수 있다. 불가사의한 힘, 인간의 마음속
사고라고 하는 것이다.

그렇게 완성된 물건, 혹은 우리가 소유하고 있는 모든 것은 많든 적든 창조적
인 사고의 산물로서 탄생한 것이다. R. W 에머슨은 이렇게 말했다.

"우리 행동의 근원은 사고, 정신이다."

곰곰이 생각해 보면 우리의 세계는 사고에 의해 지배되고 외부 세계에 있는
것은 대부분 우리의 마음속에 처음부터 그 대상물이 존재했다는 것을 조금씩
알게 되었다. 요약해 보면 결국 수천 년 전에 부처가 말했던 것처럼 '만물은 사
고의 산물' 인 것이다.

The Magic of Believing

사고의 과정을
통해 만들자

　당신의 일생도 당신의 생각, 다시 말해 정신의 사고 과정에 의해 만들어지는 것이다. 당신 육체의 살과 뼈와 근육 등은 결국 70%의 물이고 나머지는 큰 가치가 없는 몇몇 화학물질에 불과하다. 그러나 당신의 마음과 생각이 지금의 당신으로 만들어주고 있다. 성공의 비결은 외부에 있는 것이 아니라 인간으로서의 '사고의 힘'에 있는 것이다.

　역사를 살펴보면 잘 알 수 있듯이 사고방식에 따라 약한 사람을 강하게 하고, 강한 사람을 약하게 만드는 예는 얼마든지 있다. 그런 힘이 끊임없이 작용하고 있다는 것을 증명해 주는 예는 우리 주변에서 항상 볼 수 있다.

　당신이 음식을 먹고, 옷을 입고, 버스를 타기 위해 달리고, 산책하고,

신문을 읽거나 손을 드는 모든 행동, 그것은 그렇게 하겠다는 생각의 충동에서 비롯된 동작이다. 그 동작이 어떤 것이든 간에 일상에서 당신의 모든 행동 배후에는 놀랄 만한 강력한 힘인 사고력이 잠재된 것이다.

당신의 걸음걸이, 행동거지, 말투, 옷 입는 방식 등은 모두 당신의 생각을 반영하고 있다. 느릿한 행동은 느린 사고방식을 표현하고 있고, 빠르고 정확한 행동은 자신감으로 가득 찬 마음속의 힘을 겉으로 표현하는 것이다. 쉽게 말하면 당신의 외모는 당신의 내면에 잠재된 '마음'을 말해주고 있는 것으로 당신이라는 그 자체는 당신 자신의 '생각'의 산물이다. 어떤 사람이 신념으로 삼는 것, 그것이 바로 그 사람인 것이다.

사고는 모든 부, 모든 성공, 모든 물질적 이득, 모든 발견과 발명, 모든 공적 등의 근원이다. 사고가 없다면 대제국도 없고, 막대한 재산도, 아득한 철도 노선도, 근대의 문명도 결코 있을 수 없다. 만약 인간에게 사고라는 것이 없다면 원시시대로부터 단 한 걸음도 진보하지 않았을 것이다.

당신의 생각이 당신의 성격, 당신의 인생 여정, 당신의 일상생활 그 자체를 결정한다. 따라서 이렇게 사람의 마음은 그 사람을 만들고 망칠 수도 있다는 의미를 쉽게 이해할 수 있는 것이다. 행위, 그리고 그 행위와 연관된 모든 것이 마음의 작용에 의한 결과에서 비롯되는 것이기 때문에 생각하는 힘의 발동이 없다면 그 모든 행동은 존재할 수 없게 된다. 이렇게 본다면 성경에 적혀 있는 '자신이 뿌린 씨앗은 자신이 거둬들인다.' 라는 의미와 셰익스피어가 말한 '선도 악도 없다. 인간의 생각이 그것을 만들 뿐이다.' 라는 말의 의미를 잘 이해할 수 있다.

영국의 유명한 물리학자 A. 에딩턴은 이렇게 말했다.

"우리가 살고 있는 우주는 우리의 사상이 미치지 않는 광범위한 곳까지 뻗어 있고, 사고의 힘에 의해 만들어진 마음의 산물이다."

또한 물리학자 제임스 진스도 "우주는 우리 모든 인간의 마음속 깊은 곳에 있는 것으로 우리의 마음과 함께 존재한다. 무언가 우주정신의 사고방식에 만들어진 창조물일지도 모른다."고 의미심장한 말을 했다. 세계의 위대한 과학자와 현대의 사상가는 고대 현인들의 사색을 그대로 전수받아 말하고 있고, 그것이 내가 이 책에서 말하고자 하는 근본 원리를 확인시켜 줄 것이다.

The Magic of Believing

정신이라는
만능의 황금

인류가 처음 지구상에 나타난 초기부터 사상이나 정신의 작용이 얼마나 위대한지 깊이 깨달은 사람들에 의해 인류의 변화가 진행되었다.

위대한 종교 지도자, 제왕, 군인, 정치가 등은 위대한 사고와 정신력의 과학을 잘 이해하고 있어 인간이라는 존재가 자신의 생각에 따라 움직이고 자신보다 강한 확신을 가진 사람의 생각을 따라 반사적으로 움직인다는 것을 알고 있었다.

그러므로 강하고 활동적인 사상을 가진 사람은 많은 사람의 마음에 호소하고 그들을 움직여 때로는 자유의 길로, 때로는 노예의 길로 몰아넣은 것이다.

따라서 우리는 사고라는 것이 어떤 것인지 연구하고 깊이 이해하기 위해 최선을 다하고 그것을 이용할 방법을 깨달아 삶의 개선에 도움을 주고, 우리 육체 안에 있는 이 위대한 힘의 근원에 바람과 기원을 해야 한다. 인류 역사를 통해 지금처럼 그 필요성이 강한 적은 없었다.

만약 과거의 나였다면 정신력이라는 것이 위대한 마력이 있다거나, 생각과 물질과의 밀접하게 연관돼 있다거나, 혹은 깊은 사고의 힘이 먼 거리에서도 사람들과 사물에까지 끼친다는 이야기를 들으면 큰소리로 비웃었을 것이다.

그러나 지금은 더는 웃을 수가 없다. 정신이 어떤 것인지 조금이라도 알고 있는 사람이라면 아마도 웃지 못할 것이다. 지성이 있는 사람이라면 빠르든 늦든 사고, 다시 말해 정신을 이용하는 힘이 지구 전체를 변화시킬 만큼의 위력을 갖는다는 것을 인정한다.

아일랜드의 유명한 문필가이자 시인인 G. 러셀은 이렇게 말했다.

"누구나 자신이 바라는 인물이 되고자 한다면 될 수 있다."

러셀은 그 증거로 자신이 마음먹은 대로 문필가, 강연가, 화가, 시인 활동을 한 위대한 인물이 되었다.

그러나 반드시 염두에 두어야 할 것은 우리가 마음속으로 품고 있는 대부분은 결코 우리 자신의 것이 아니며, 스스로 생각해낸 것이 아니라는 점이다.

사회생활 중에 남들에게서 들은 것, 신문과 잡지와 책으로 읽은 것, 영화·연극과 TV 등을 시청한 것, 혹은 일상 속에서 접하는 모든 사람과의 대화에서 엿들은 것 등은 자신도 모르게 조금씩 영향을 받는다. 쉽게 말해 모든 것들에서 타인의 생각들이 끊임없이 우리에게 쏟아지고 있는 것이다.

그렇게 외부로부터의 일부가 우리의 마음속에 잠재된 깊은 것과 합체하여 위대한 미래의 이미지와 걸어야 할 평생의 길을 가르쳐 주어 큰 도움이 되는 것이다.

그러나 개중에는 방해가 되는 것도 많고, 때로는 스스로를 약하게 하거나, 고상한 이상으로부터 벗어나 방황하게 하는 것도 적지 않다. 우리를 방해하는 것은 외부로부터 영향을 받는 온갖 잡념이다.

어떻게 하면 이런 방해물을 막을 수 있는가에 대해서는 다른 장에서 생각하기로 하겠다.

엘도라도

마음의 작용을 지배하는 인과율에 깊은 생각을 하는 사람은 많지 않다. '모든 것은 내면에 있다. 외면에는 아무것도 없다.', '마음은 모든 힘의 근원이다.' 고 불리는 진정한 의미를 알고 있는 사람도 많지 않다. 이것을 가장 간단하게 설명한 『커머셜 앤드 파이낸셜』(상업과 재무) 잡지는 100여 년에 걸쳐 '산업계의 바이블'이라 불렀다. 다음은 거기에 실린 '엘도라도'라는 제목의 기사이다.

'엘도라도는 모든 사람의 집 문 앞에 놓여 있다. 보물이 당신 발아래 있다. 행운은 손이 닿는 곳에 있다. 모두 마음속에 있다. 외부에는 무엇 하나 없다. 누군가가 요행, 탐욕, 수완을 발휘해 금광을 발견해 쾌청한 날에 돛을 달고 항해를 시작했다고 하더라도 그것은 겉모습일 뿐이다. 사람은 모두 풍요로운 삶을 보장 받은 존재로 종교와 철학이 그 것을 분명히 밝히고 있고 역사와 과학이 그것을 증명하고 있다. '모두 가 살고 모든 것을 풍요롭게 유지한다.' 는 것이 자연의 법칙이다. 당 신은 무언가를 바라고 있는가? 그렇다면 그 대가를 치루고 가져가라. 대가의 자원은 차고 넘친다….'

'당신이 바라는 것이 귀중하다면 그에 따른 대가도 크다. 우리가 추 구하는 모든 것에 대하여 우리 자신의 정신이라는 만능의 황금을 교환 대가로 지불하지 않으면 안 된다….'

'어디에 그 정신이라는 황금이 있을까? 그것은 사람이 스스로 발견 하기만 한다면 당장에 손에 넣을 수 있다. 사람이 스스로를 발견한다 면 자유, 부, 성공, 번영도 모두 그곳에 있다. 이 말이 과장으로 들리는 가? 결코 과장이 아니다. 역사와 위인전 등이 그것을 증명하고 있다. 눈을 크게 뜨고 보면 당신 주변에서도 얼마든지 그 사실이 보이지 않 는가. 정신이라는 황금을 발견한 사람만이 실질적이고 영속적인 위력 을 갖는다. 정신만이 드넓은 토지와 위력과 영달을 쟁취하는 것이다. 이것을 깨달은 사람들에게는 수요와 공급의 단순한 경제상의 법칙이 아니라 정신의 법칙이라는 발견이 있다. 그 법칙은 모든 곳에서 작용 하고 있다….'

'미국은 오랫동안 지상 최대의 엘도라도였다. 자력으로 성장한 사 람들이 스스로의 사색과 기적을 통해 자신뿐만이 아니라 인류를 풍요롭게 해주었다. 19세기의 용맹한 청년들은 캘리포니아에서 황금을 발견하기 전에 자신의 마음속에서 황금을 발견하였다. J.T 힐처럼 자유정신에 불타오르던 남자의 정신력은 아무도 없는 황무지에 끝없는 철도를 깔았다. 그렇게 상식을 초월한 열정에 의해 철도왕국이 구축되었다. 그의 힘에 의해 숲과 평원은 수없이 많은 엘도라도로 변하였다…'

'T.A 에디슨은 죽기 직전에 '아이디어는 우주로부터 온다. 이것은 터무니없어 믿기 어려울지도 모르지만 사실이다. 생각은 허공에서 불현듯 떠오른다.' 라고 했다. 에디슨만큼 많은 아이디어를 창출한 사람은 없다. 각자 자신의 내면에 있는 엘도라도를 찾아내라. 그 힘은 풍성하고 끝이 없다. 성당의 신부들이 말하는 것처럼 받는 사람의 머릿수만큼 주어진다. 필요한 것은 힘이 아니라 사고뿐이다. 만약 사람이 자신을 발견하기만 한다면 생각은 자동적으로 엘도라도 방향으로 향하게 된다…'

'스위스 의학의 선조라 불리는 학자 파라켈수스는 '인간의 정신은 누구에게도 표현할 수 없을 만큼 위대하다. 만약 인간이 마음을 제대로 이해한다면 인간에게는 지구상에서 불가능은 없을 것이다. 신념의 힘에 의해 상상은 촉진되고 의지의 힘이 완성된다.' 고 했다. 신념은 곧 인간이다. 개인의 것이다. 도움의 손길은 각자가 자신을 발견했을 때 찾아온다…'

'자신을 발견하는 것은 완성이다. 자기표현이 강한 남자가 미국을 엘도라도로 건설하였다. 그대가 알고 있는 것은 항상 엘도라도에 사는 것. 그 사람은 청춘의 샘물을 마셔 언제나 즐기고자 여기는 모든 것을 손에 넣는다.'

위 문장 중에서 특히 파라켈수스의 말은 몇 번이고 곱씹어 음미할 가치가 있다. 내가 여기서 지적하고 싶은 것은 그저 열심히 일만 해서는 두드러지는 성공을 거두지 못하는 사람이 많다는 것이다. 그냥 열심히 일하는 것 이외에 훨씬 더 중요한 무언가가 필요하다.

그 무언가야말로 창조적인 사고방식과 할 수 있다는 신념이다. 역사적으로 성공한 사람은 이 두 가지를 통해 성공한 것이고, 그 사람의 손발과 육체는 단순히 정신을 도운 것에 불과하다.

당신이 원하는 것이 금전이든, 명예든, 지위든, 지식이든 무엇이든 좋다. 무엇을 원하더라도 목적한 것을 당신의 일상생활 속에서 불타오르는 욕구로 계속 품고 있기만 한다면 어렵지 않게 달성할 수 있다.

자신의 능력을 뛰어넘는 욕구라고 스스로 나약해질 수도 있다. 그러나 전혀 무모한 것이 아니다. 믿음에서 비롯되는 열정을 다해 당신의 몸속 깊이 잠재된 힘을 약동시키는 것, 그 힘이야말로 당신을 목적지에 인도해 줄 것이다.

만약 당신이 기혼자라면, 과거 사랑했던 이성을 그리며 그 사람의 마음을 얻기 위해 많은 생각을 하며 나날을 보낸 체험이 있을지도 모른다. 그때를 회상해 보라. 그것은 결코 정신을 힘들게 만드는 고통이 아니라, 오히려 즐거운 날들이었을 것이다. 그 당시 당신이 사용한 힘은 내가 여기서 말하고 있는 것과 똑같은 과학(기술)으로 그것을 무의식적으로 사용했던 것에 불과하다.

평생의 배우자를 얻을 때까지의 욕구는 당신 마음의 정점을 차지하고 있었다. 그 염원, 그 생각이나 신념은 아마도 하루를 매시, 매분, 매초를 차지하였을 것이고, 또한 당신의 꿈속에서도 당신의 몸을 떠나지 않았을 것이다.

The Magic of Believing

정말로 욕구하는 것을 정하라

이제 그런 것 중 당신의 일상생활 속에서 사고의 욕구가 바라고, 소중한 역할을 하는 것이 무엇인지 깨달았다고 생각한다면 다음으로 제일 먼저 할 일은 당신의 욕구 그 자체가 무엇인지 명료하게 결정해야한다. 단순히 성공해 보고 싶다는 식의 막연한 개념은 안 된다. 또렷하게 마음속으로 그릴 수 있는, 심리적으로 확실한 형태를 가져야 한다.

그리고 자신이 무얼 향해 가고 있는지를 먼저 자문해 보라. 자신의 결승점은 어디인가? 정말로 원하는 것을 눈앞에 그릴 수 있는가? 금전적으로 계산할 수 있다면 그 목표액이 얼마나 되는가? 만약 어떤 일에서의 성적이 목적이라면 그 단계를 명시할 수 있는가? 등이다.

내가 지금 당신에게 이런 질문을 하는 것은 그 대답이 오늘 이후 당신의 평생을 결정할 요인이 되기 때문이다. 기적처럼 들릴지도 모르겠으나 이런 질문에 대답할 수 있는 사람은 100명 중에 단 한 명도 없다. 대부분의 사람은 무엇이든 성공하고 싶다는 막연한 생각뿐 그 이상의 것은 완전히 애매하다.

그저 오늘에서 내일로 지나갈 뿐 오늘 일이 있었으니 '내일도 뭔가 할 일이 있을 것이다, 늙어서도 아무 곤란 없이 살겠지.' 라는 멍한 생각으로 살아가고 있을 뿐이다.

이것은 물의 흐름을 따라 떠다니는 코르크 마개와 같아 둥둥 떠다니며 이리저리 정처 없이 흐르다가 물가에 정착하거나, 아니면 결국 물을 흡수하여 가라앉을 뿐이다.

그러므로 당신은 자신의 삶에서 무엇을 추구하고 있는지에 대하여 일단 확실한 생각을 가져야 한다. 어딜 향해 가고 있는지 확실한 목표를 직접 보아야 한다. 물론 그것은 일반적인 마음가짐이고 더욱 확실하게 지금 새 직업을 구하고 있는지, 승진하고 싶은지, 새집을 원하는지, 지방에 토지를 매입하고 싶은지, 아니면 그저 한 켤레의 신발을 원하고 있는지를 떠올려야 한다. 어쨌거나 원하는 것에 대해서는 확실한 목표가 반드시 있어야 한다.

욕구를 품는 것에서부터 시작하자

가령 현재의 직업을 위해 자동차 한 대가 필요하다고 하자. 사업에 필요한 것은 응당 업무의 연장선이다. 그러나 가족과 사랑하는 사람을 위해 사용하는 것이라면 특별히 더 열심히 최대한 빨리 손에 넣기 위해 다른 계획을 세우며 노력할 것이다. 그런 사고와 노력은 이전에는 없었던 것으로 당신에게 새로운 의욕을 불러일으킨 것이다.

이것은 당신 내면에 새로운 힘을 더해 주어 새로운 자금력을 얻기 위해 외부 세계를 향해 무언가 다른 관계를 발견할 실마리를 찾게 해 준다. 그런 욕구는 지금까지 없었던 무언가 새로운 것으로 삶을 확 변화시키는 것이기 때문에 특별한 노력이 필요해진다. 다시 말해 신념의 힘이 당신 내면에 하나의 동력을 일으키는 것이다. 그것을 통해 당신의 인생에 여분의 가치가 탄생하는 것이다.

어쨌든 당신은 무언가를 하고 싶다거나, 아니면 지금 가진 것 이상의 무언가를 얻기 바란다면 일단 욕구를 품는 것부터 시작해야 한다. 그것이 우리 모두에게 근본적이고 시작점의 동력이 되기 때문에 모든 것을 다 불태워버릴 정도로 강력한 욕구가 아니면 아무것도 달성할 수 없고, 그 어떤 것도 얻을 수 없게 된다. 이야기가 진행됨에 따라 욕구 이외에도 필요한 것이 몇가지 있다는 것이 확실해졌다.

형이상학자는 '사고는 곧 사물' 이라고 말한다. 대략적으로는 그렇게 말할 수 있을지도 모른다. 그러나 우리 개개인의 처지에서 본다면 독자적인 사고와 상상력을 통해 대상에 생명력을 부여하지 않는 한 그것은 각자에게 있어 살아 있는 것이 아니다. 같은 것이라도 필요한 사람과 필요 없는 사람 사이에는 가치가 다른 것처럼 대상에 대한 욕구도 열정과 생명력의 강약이 달라 같은 목적의 것이라도 그 가치는 하늘과 땅 차이다.

수 세기에 걸쳐 위대한 사상가들은 마음의 힘을 통해 인간이 업적을 이루고 물질을 지배할 수도 있다고 주장해 왔다. 내가 말하는 과학의 기술을 당신이 깊이 연구함에 따라 당신 자신의 마음속에 어떤 놀랄만한 힘이 잠재되어 있는지를 더욱 깊이 깨닫게 될 것으로 생각한다.

방사와 진동
그리고 뇌파

『명탐정 셜록 홈스』를 쓴 작가 코난 도일은 오랫동안 영국의 심층심리연구학회의 회원이었다. 그는 인간의 마음속에는 건설의 힘과 파괴의 힘이 있고, 그것은 성경에서 볼 수 있듯이 '산을 움직이는 신념'과 비견될 수 있는 것이라고 믿었다. 그는 이렇게 말했다.

"그것은 틀림없는 사실이다. 그런 힘이 사람의 마음 어디에서 오는지, 또는 그런 힘을 향하게 하면 단단한 물질의 분자가 분열되는 현상이 일어나는데 그 힘이 인체의 어디서 나오는지는 알 수 없다."

이 말을 여기서 인용하면 물질주의자는 나를 조롱할지도 모른다. 그것은 나 역시 느낄 수 있는 현상이다. 그러나 지금은 레이더가 어떤 일을 하고 라디오 전파가 어떤 식으로 나무와 콘크리트와 벽돌과 철판 등의 단단한 물질을 침투하는지 조금만 생각해 본다면 이 문제를 해결하는 하나가 단서가 될지도 모른다.

예를 들어 깊은 사고의 힘이 결국 무엇이든 간에 만약 그것이 매우 빠르게 진동하는 것이라면 단단한 물질의 분자에 영향을 끼치지 않는다고 단정할 수 없다.

사이코키네시(염력)
실험

도박꾼들 사이에서는 트럼프, 주사위, 룰렛 등의 승부에서 강한 염력을 이용하면 승률이 높아진다는 설이 있다. 내 지인 중에서도 거리의 게임장에 들어가 기계의 핸들을 두세 번 돌리면 항상 최고의 상품을 들고나오는 사람이 있다. 내가 그에게 요령을 묻자, 그는 이렇게 대답했다.

"기분이 좋지 않을 때는 게임장 근처에도 가지 않습니다. 왜냐하면 게임장에 가서 이길 때는 항상 기분이 좋을 때이니까요. 조금이라도 자신이 없으면 이길 수 없다는 걸 잘 압니다. 그리고 게임을 하기 전에 마음속으로 반드시 이길 거라는 마음을 단단히 다짐하고 게임을 하기 때문에 단 한 번도 잃은 적이 없는 것 같습니다."

터무니없는 소리라고 생각할지도 모르지만, 속단은 금물이다.

유명 대학의 심리학부에서는 이미 마음이 정말로 물체에 영향력을 끼칠지를 알기 위한 실험을 하였고, 그 결과 실제로 그 힘의 존재를 증명하였다. 그리고 그것은 꽤 널리 공표되었다.

이 실험 중에 가장 눈에 띄는 것은 미국 듀크 대학의 실험으로 J.B 라인 박사가 이끄는 심리학자 단체가 염력을 증명한 것이다. 염력이란 마음속 사고가 물체에 영향력을 끼치는 것으로 터무니없는 농담이 아니다.

군대 등에서 오락시간에 자주 사용하는 주사위를 특별히 고안된 기계를 사용하여 던지는 것으로, 그 기계를 사용하는 이유는 사람의 속임수를 피하기 위해서였다.

1934년 이후 20여 년 동안 실험이 이루어져 수백만 번의 주사위가 던져졌다. 이 실험을 통해 라인 박사는 다음과 같이 공표했다.

"실험자는 주사위에 전혀 물리적 접촉을 하지 않고 주사위의 숫자를 자유자재로 결정할 수 있다고밖에는 달리 설명할 방법이 없다."

특정 숫자의 면이 나오도록 마음을 집중시켜 주사위를 던지는 것인데, 이때 피실험자는 모든 물리적 접촉을 피하고자 던지는 기계와 주사위에서 멀리 떨어진 곳에 서서 몇 번이고 주사위를 자유롭게 조정할 수 있었다. 많은 염력 실험을 통해 작성된 문서를 보면 가죽 제품의 통 안에 넣어 동시에 던져진 두 개의 주사위 수의 합계는 과거부터 확립

돼 있던 총계 숫자의 100만 분의 1이라는 확률을 깨고 연속적으로 몇 번이고 특정 숫자를 나오게 한 것이다.

The Magic of Believing

사고는 동종의
것을 창조한다

이 사실을 몇 분 동안 당신의 머릿속에서 깊이 생각하고 그것이 당신에게 어떤 의미가 있는지를 생각해보면 좋을 것이다.

'생각은 동종의 것을 창조한다.'
'생각은 물체와 서로 연관돼 있다.'
'생각은 지향한 것을 끌어들인다.'

우리는 이와 비슷한 말을 옛날부터 들었다. 성경에서 자주 인용되는 욥이라는 남자는 이렇게 말했다.
"내가 두려워하던 일이 실제로 내게 일어났다."

만약 우리가 공포심을 품고 있다면 그것은 일종의 창조력으로 작용하여 무언가 좋지 않은 사건을 이끄는 자력을 갖게 된다. 마찬가지 의미로 밝고 건설적인 생각은 좋은 결과를 끌어들이게 된다.

사고의 성질이 어떤 것이든 간에 생각했던 것과 비슷한 것을 만드는 것이다. 이 사실을 제대로 이해한다면 어떻게 해야 이 엄청난 위력을 이용할 수 있는지 대략 이해가 갈 것이다.

내가 이미 설명한 바와 마찬가지로 사고한다는 것은 창조하는 것으로 그것이 지배적으로 영향력을 끼치는 것은 인간이 지금까지 알지 못했던 매우 광범위한 한계까지 미치는 것이다. 그것은 위험한 강도, 정서의 성질과 감정의 깊이, 진동의 편향 등에 의한 것이라는 사실이다. 이것은 라디오 방송국의 파장과 와트 수에 비교할 수 있다. 다시 말해 사고의 향상성과 농도와 강도에 정비례하여 창조력과 지배력을 만드는 것이다.

이것을 설명하기 위한 온갖 규명을 하고 있으며, 사고라고 하는 것이 과연 전기 에너지의 일종인지, 아니면 다른 그 무엇인지에 대해서는 더 많은 연구가 필요하다. 그러나 전기학계의 천재 N. 테슬라가 했던 '고주파' 전기 실험을 해 본 적이 있는 나는 방사나 진동 등을 생각해 볼 때, 사고의 힘을 전기와 연관 지어 그 현상과 비슷한 것으로 생각하게 되었다. 그러는 편이 내게는 훨씬 알기 쉽기 때문이다.

이런 생각을 하는 건 나뿐만이 아니다. 과학자들은 인간의 뇌에서 진동을 기록하는 기구를 실제로 완성했다. 이 기구는 현재 주로 정신 건강 측정에 사용되고 있고 의사의 말에 의하면 그 순간의 감정과 꿈, 또는 먼 장래에 일어날 질환 등에 이르기까지 상세하게 진찰하거나 연구할 수 있다고 한다.

1944년, 예일 대학의 H. S 바 박사와 연구자들은 12년 동안의 실험 결과 모든 생물은 몸 주변에 전기적 영적 기운을 발산하고, 그것으로 둘러싸여 있고, 생명력은 우주의 모든 구성과 연결되어 있다는 결론을 얻었다.

오랫동안 신비주의자와 형이상학자 등은 인간에게 영적 빛이 있다고 주장하였고 그것을 실제로 보았다는 많은 실례를 기록하고 있다. 그러나 나는 예일 대학의 실험 성적이 발표될 때까지 그것을 전기성을 띤 것이라는 설명을 들은 적이 없다.

과거 헤르메스 트리스메기스투스(Hermes Trismegistus: 헬레니즘의 영향 아래서 탄생한 신이나 반신 또는 신비주의 저술자) 일파의 철학자들은 진동설을 주장했다. 기하학자이고 철학자인 피타고라스는 기원전 6세기의 사람이지만 만물은 진동에 의해 존재한다고 주장했다. 그것은 본질적으로 현재의 과학자들이 말하는 일렉트로닉스(전자파)로 모든 물질은 음전자와 양전자로 되어 있다는 의미일 것이다.

다시 말해 전기를 띤 미립자가 끊임없이 상호 작용을 하고 있다는 의미이다. 나는 적당한 단어를 찾지 못해 '진동' 이라는 단어를 쓰지만, 어쨌거나 전력을 가진 미립자의 '주파수' 가 바뀌면 물질의 본체도 바뀌게 된다.

물질이나 내가 말하는 고체 등과 같은 것의 차이점은 진동의 구성, 음전자와 양전자 수의 차이에 있다. 그 옛날 연금술사가 생각했던 힘의 해설도 바로 이것이다.

그들은 싼 금속의 분자를 비싼 것, 다시 말해 철과 납을 은과 금으로 바꿀 수 있다고 생각한 것이다. 질병 또한 같은 힘으로 고칠 수 있다고 생각했다. 영국의 물리학자 러더포드(Ernest Rutherford: 1871~1937, 영국의 물리학자로 방사성 물질의 연구로 $\alpha \cdot \beta \cdot \gamma$선을 발견. 1908년 노벨 화학상을 받음.)는 방사능 연구로 유명한 학자지만, 금속은 물론 다른 모든 분자를 원하는 것으로 바꿀 수 있다는 주장을 전자파 이론으로 설명하였다.

인체의
전기 실험

인체의 전기 계통은 진동파만을 감지한다. 바꿔 말하면 우리의 오감, 즉 보고 듣고 만지고 맛보고 냄새 맡는 다섯 개의 감각은 외부의 물체가 발산하는 진동을 받아 그것을 뇌에 전달하고, 뇌가 각각의 느낌을 해석하는 것이다.

그렇다면 진동이라는 것의 본질이 훨씬 쉽게 이해될 것이다. 예를 들어 우리가 높은 소리를 듣는다. 그것은 소리의 진동으로 전해진다. 푸른 나무의 잎사귀를 본다. 그것도 단순한 진동을 눈이 받아들이는 것으로 그것을 뇌가 전달받아 푸른색으로 번역하는 것이다. 게다가 세상에는 오감이 수신 가능한 성능 이상의 고주파, 흔히 말하는 높은 음파의 진동도 적지 않다. 물론 인간은 이것을 느끼지 못한다. 한 예를 들자면, 개가 짖는 소리에는 매우 높은 음파로 개들만이 들을 수 있는 것이 있다고 한다.

우리는 누구나 '손바닥을 대는 치료'를 잘 알고 있다. 두통이 심할 때는 관자놀이 주변을 손으로 주무르면 통증이 가벼워진다. 이것은 어떤 형태의 전기 에너지가 손가락 끝에서 나오기 때문은 아닐까? 성경에는 예수가 손을 대기만 하면 병이 고쳐졌다는 내용이 많다. 그 해석은 아직 잘 알려지지 않은 전기분야, 진동의 과학을 통해 명확해지지 않겠는가?

인간의 이러한 전기적 주변은 바 박사가 주장한 것처럼 우리 자신이 발산하고 있기 때문에 그런 것이 온갖 생물을 개별적으로 감싸고 있을 것이다. 그런 전기가 손가락 끝에서 또는 마음속에서 정말로 방사되어 일종의 가벼운 충격을 외부에 전달하는, 다시 말해 타인과 물체 등에도 진동의 힘이 미칠 수 있는 건 아닐까?

산악지대에 사는 사람 중에는 어떤 방을 지날 때 무언가 금속성 물질과 접촉하는 것처럼 종종 전기에 감전됨을 느낀다. 이것은 두말할 필요 없이 마찰에 의해 일어나는 일종의 정전기인데, 이렇게 정전기가 일어나는 것만을 보더라도 인체에 전기가 있다는 것을 알 수 있을 것이다.

예일 대학 연구자들의 실험을 묘사한 재미 있는 그림이 있다. 건강하고 상처 없는 좌우의 검지를 전류계에 접속하여 소금물로 가득 찬 두 개의 컵에 손가락을 담그면, 전기는 양극의 왼손에서 음극의 오른손을 향해 흐르고 전기의 양은 1.5밀리 볼트를 가리킨다.

그런데 두 개의 중지 중 한 손가락 끝에 살짝 상처를 입혀 컵에 담그면 전극이 바뀌어 양극이었던 왼손은 음극으로, 오른손은 양극으로 바뀌고 전류는 12밀리 볼트로 상승한다.

이런 그림을 보면 프랑스의 과학자 H. 바라듀크 박사가 과거에 완성한 '생명 계량기'를 떠올리게 된다. 이것은 종모양의 유리 용기 안에 가는 비단실에 매단 구리 바늘을 늘어뜨린 것이다. 바늘 아래 유리 용기에는 원추형의 두꺼운 종이에 눈금이 매겨져 있다.

이런 기구 두 개를 놓고 실험자의 양 손가락을 유리 용기에 0.5인치까지 가까이 하고 매달려 있는 바늘에 마음을 집중시킨다. 그리고 마음의 힘, 다시 말해 깊은 사고의 방향을 어느 한쪽으로 바꾸면 바늘의 방향이 실험자의 마음에 따라 움직인다. 바늘은 명령을 내리는 사고의 변화를 그대로 따르는 것이다.

생물의
전기 진동

이와 비슷한 원칙에 따른 간단한 실험 하나가 더 있다. 평범한 종이 끝을 3인치 자르고 끝과 끝을 대각선으로 접는다. 그런 다음 그 종이를 펼쳐 나머지 대각선으로 접어준다. 이렇게 대각선의 접힌 부분이 중심에서 교차하게 만드는 것이다. 다시 종이를 펼치면 위에서 눌러 찌그러진 피라미드 모양이 된다. 그리고 긴 바늘을 코르크 중앙에 꽂아 바늘 끝이 1인치 정도 코르크 위쪽으로 튀어나오게 한다. 바늘이 꽂힌 코르크를 바늘 끝이 위로 가게 하여 뒤집어놓은 물컵 위에 올린다. 이 장치는 바늘 끝 위에 놓인 종이도 그 위를 덮고 있는 양 손바닥도 자유롭게 움직일 수 있도록 하기 위함이다. 이제 피라미드 모양의 종이를 들어 접힌 부분의 중앙에 바늘 끝을 올려 피라미드의 네 변이 아래로 처지도록 균형을 잡는다.

코르크를 받침으로 바늘과 그 위의 종이 등 모든 것을 올린 채 컵을 바람이 없는 방 안 테이블 위에 올려놓는다. 난방기와 창문을 닫아 열파와 바람이 없는 곳을 선택한다.

이제 양 손바닥을 종이 주변에 컵을 덮듯이 가려준다. 손이나 손가락과 종이 사이는 0.5인치 정도 거리를 두고 종이가 자유롭게 회전할 수 있는 여유를 준다. 처음에는 종이가 살짝 흔들린다. 아마도 천천히 움직일 것이다.

손을 전혀 움직이지 않게 유지하여 어느 한 방향으로 움직이도록 생각을 집중시키면 종이는 생각한 대로 회전을 하다가 다시 바늘 끝을 중심으로 빠르게 회전하게 된다. 만약 생각으로 방향을 바꾸면 종이는 당신이 생각에 따라 한쪽의 운동이 멈추고 반대 방향으로 돌기 시작한다. 물론 당신의 호흡으로 종이가 회전하게 하면 안 된다.

종이가 회전하는 원인에 대해서는 여러 가지 설명이 가능하다. 양손의 열파, 혹은 인체에서 나오는 어떤 교류 등 그러나 만약 종이가 한쪽으로만 회전한다면 그런 설명으로는 부족할 수도 있다. 하지만 실험자가 약간의 훈련을 통해 자신 있게 생각을 집중시키면 처음에는 종이를 한쪽으로 회전시키고 다음에는 생각을 반대로 하여 종이를 반대 방향으로 회전하게 할 수 있으므로 이 원리는 앞에서 말한 '생명 계측기'와 마찬가지라는 것이 확실하다.

또 한 가지 비슷한 실험이 있다. 두꺼운 종이로 작은 원반을 만들고 시계처럼 1부터 12까지의 숫자가 적힌 눈금판을 사용한다. 이것은 과거 독일 호족들이 장수법과 연금술 연구를 하던 비밀 결사대의 장미 십자회가 만든 원반으로 로시크루션 다이얼(Rosicrucian dial)이라 부른다.

예리한 바늘을 원반 정중앙에 꽂고 그 정점에 두꺼운 종이를 가는 화살 모양으로 잘라 균형을 맞춘 것이다. 원반은 물을 채운 컵 위에 두고 바늘 아래쪽이 물속에 잠기도록 한다. 실험자는 양손을 컵, 원반, 화살 등의 전체 위를 덮는다. 그리고 화살을 향해 회전을 명령하여 마음먹은 숫자 위로 가게 하거나 멈추게 한다. 그러나 이런 실험은 누구나 당장에 성공할 수 있는 것은 아니다. 생각의 집중력과 투사(投射) 능력은 사람에 따라 차이가 있기 때문이다.

만약 우리의 손과 손가락에서 일종의 전기가 발생해 동력이 되는 일종의 전파가 발생하고 그것을 우리가 의식적이거나 무의식적인 사고에 의해 조종할 수 있다면, 테이블 터닝(염력으로 테이블을 움직이는 실험으로 유럽의 심령회에서 행해진다.)와 자동서기(다른 곳에 주의를 기울이고 있으면서도 문장이나 그림을 자동으로 쓰거나 그리는 일.)와 플랑셰트(Planchette: 삼각대에 한 자루의 연필이 달린 작은 자동 기록 실험 기구. 여기에 손을 얹어 연필을 잡고 어떤 생각에 집중하면 연필이 자동으로 기록한다는 장치로, 심령 연구에 쓰인다.)와 위저보드(Ouija board: 19세기 중반에 시작한 심령주의가 기원이다. 당시 사람들은 사후 영혼과 대화하기 위한 기술로 이용했다.), 그 밖에도 영매가 신비회나 심령회 등에서 행하는 온갖 불가사의한 일들도 해석이 가능해진다.

예일 대학의 실험에서는 모든 생물은 스스로 발산하는 전기적 분위기에 싸여 있다는 것을 증명하였고, 듀크 대학에서는 사고와 염력은 물체를 움직이게 하는 것이라는 것을 실증하기 위해 온갖 연구와 실험을 진행하고 있다. 그런 사고방식을 뒷받침해주는 사실 한 가지를 예로 들어보겠다. 웨스팅하우스 전기회사의 연구소장 P. 터마시 박사가 미국 기사 협회에서 다음과 같이 이야기했다.

"우리가 어떤 일을 하거나 이야기를 하며 뭔가를 생각하고 있을 때면 반드시 무언가 방사가 이루어지고 있는 것이다. 이 방사는 전기적이라고 여겨진다. 가까운 미래에 우리는 인격이나 염력의 방사를 전기 반응으로 받아들여 그것을 해석할 수 있게 될 것이다. 빠른 시기에 그 해결을 볼 수 있는시기를 기대하게 되었다."

The Magic of Believing

생각의
방사에 대하여

생각의 방사라는 것을 알기 쉽고 간단하게 설명해 보기로 하겠다. 연못으로 던진 돌은 수면에 작은 파문을 사방으로 퍼뜨린다. 이 파문은 끝없이 이어지다가 연못가에 닿으면 사라지는 것처럼 보인다. 던진 돌이 크면 클수록 파문은 높고 커진다. 크기와 무게가 다른 두 개의 돌을 동시에 비슷한 곳에 던지면 둘 다 파문을 일으키며 특정 부분에서 겹쳐진다. 우리의 육안으로 볼 때, 만약 두 개의 파문이 같은 크기라면 두 파문이 만난 곳에서 멈추거나 융합되고 만다. 그러나 만약 한쪽의 파문이 다른 한쪽보다 크면 큰 파문이 작은 파문 위를 넘어 작은 파문의 흔적 위로 멀리 퍼져나간다.

이 현상을 우리의 마음속 파급력과 비교하여 생각할 수 있다. 더욱 큰 쪽의 생각은 다른 생각의 파급을 멈추게 하거나 혹은 압도해 버린다. 더욱 강력히 집중된 생각은 속도도 빠르고 진동도 크기 때문에 그만큼 약한 진동을 억누르고 재빠르게 창조적 작업을 하는 것이다.

사고의 모든 단계 다시 말해 의식의 깊이, 생각의 집중 정도, 신념의 강약이란 말을 듣거나 읽은 적이 있을 것이다. 그것은 외부로 송출하는 힘의 농도와 강도를 의미한다. 창조적인 힘이 발산되는 것은 생각이 충분히 원숙하였을 때 혹은 마음속에 대상의 이미지를 선명하게 묘사할 수 있을 때, 이것을 말로 표현하자면 욕구의 목적물이다. 집, 자동차, 전자제품 등의 그림이 마음의 눈을 통해 또렷하게 보였을 때이다. 이 순간에 비로소 그 욕구를 실현할 수 있는 창조력이 발산되는 것이다.

나는 온갖 신비적 종교의 교리, 심리 과학의 기술과 정통 교회의 가르침 등도 연구하였는데 그 모든 것은 각자의 천성과 역량의 정도에 따라 효과가 있다는 것을 깨달았다. 어떤 종교도 신자 개인이 갖는 신앙이나 신념의 강약에 따라 효과를 발휘한다. 기도의 효과도 마찬가지로 교회에서 권하는 기도를 하거나 혹은 개인이 자발적으로 조용히 기도하여도 마찬가지다.

과거 '토요문학평론(S.R.O.L)' 지에 T. 서구르라는 사람이 이런 글을 쓴 적이 있다.

'정신치료 운동은 급속도로 발달해 지금은 곳곳에서 유행하고 있으며 남녀 모두 놀랄만한 효과를 거두고 있다. 62살의 어느 부인은 반신불수에 손가락은 관절염으로 휘어져 있었지만 인도 요가의 호흡법을 통해 완전히 건강을 되찾았다. 그 후 그녀는 남들이 보기에 40살 정도로밖에 보이지 않았다. 또 한 명의 부인은 신비적인 심리요법을 통해 실제보다 15살이나 젊게 보이게 되었다. 또한 은퇴한 전도사로 12년 동안 심령체험을 지속한 사람도 놀랄만한 성과를 거두었다.'

이 내용을 통해 나는 하나의 결론을 얻을 수 있었다. 즉, 모든 기구, 신조, 종교의 종파 등은 모두 그 자체보다는 오히려 각각의 개인의 굳은 신앙과 신념 때문에 효과를 나타낸다. 바로 내가 말하는 '신념은 마술이다.' 라는 것이 되는 셈이다.

The Magic of Believing

잠재의식에
대한 가설

오스트리아의 유명한 정신의학자 프로이트의 저서는 현재 정신과학의 교과서와도 같은데, 세계에서 주목을 받는 이 사람의 가설은 이렇다.

'우리의 마음속에는 강력한 무언가가 있지만, 현재 그 힘은 마음속의 불분명한 한 부분으로 확실한 설명을 할 수 없다. …의식하는 마음과는 전혀 다른 무언가다. 그것은 우리의 사상, 감정, 행동의 원천으로써 끊임없이 작용하고 있다.'

다른 학자는 인간 정신생활의 이 부분을 영혼이라 부르고, 일부 심리학자는 그것이 존재하는 장소를 태양신경총(The sevenfold journey: 의지력, 차크라)이라 부르며 위의 뒤 척수 앞부분이라고 한다.

그리고 다른 사람들은 그것을 초자아, 내부의 힘, 초의식, 무의식, 잠재의식 등과 같은 것으로 부르고 있다.

그것은 뇌처럼 하나의 기관도 아니고 육체적 물질도 아니며 과학자들도 아직 인체의 내부 어디에 그것이 존재하고 있는지를 확실히 밝혀내지 못하고 있다. 그럼에도 불구하고 그것이 존재한다는 것은 분명하며 유사 이래 인류는 그것을 실존하는 것이라 여기고 있다.

옛날 사람들은 이것을 '영혼'이라 불렀다. 앞에서 말한 스위스의 파라켈수스는 의사(意思)라고 불렀고, 다른 사람들은 정신 일부로서 뇌의 부속물이라고 여겼다.

또한 일부 사람들은 양심이라 부르며 '육체 속의 작은 속삭임'의 주인이라고 여겼다. 또 일부 사람들은 우리 모든 인간과 이어진 최선의 지혜인 신의 일부라고 주장하기도 한다. 따라서 우주의 마음이라고 이름을 붙여 모든 인류와 동식물에까지 널리 퍼지는 것이라고 여기고 있다.

어떤 이름으로 부르든 상관없다. 하지만 나는 그것을 잠재의식이라 부르고 싶다. 그것은 인간 생명의 본질로 그 힘의 끝은 이제껏 밝혀지지 않았지만, 사람은 평생 온종일 잠자는 일이 없다. 어떤 큰 위험이 닥쳤을 때, 반드시 그 사람의 생명을 구하기 위해 나타날 것이다.

눈앞에 무언가 미심쩍은 것이 나타나게 되면 그것을 알려준다. 인간의 능력으로는 도저히 불가능한 일조차도 어떻게든 이루게 해준다. 온갖 방법으로 우리를 인도하여 만약 올바르게 사용하기만 한다면 우리에게 기적을 이루어준다.

객관적으로 그것은 명령받은 대로 작용을 한다. 쉽게 말해 지성(드러난 의식)이 명령하고 바라는 것을 이루어 준다. 주관적으로는 주로 그 자체의 능동적 요소에 의해 행동한다. 혹은 외부로부터 받은 인상의 반동일지 모르는 행동이라도 무언가의 원인으로 인해 자발적으로 보이는 것이 있을지도 모른다. 어쨌거나 자세한 것은 아직 밝혀지지 않았다.

물리학자 A. 에딩턴은 이렇게 말했다.

"우리가 믿고 있는 것은 정신이 한 무리의 원자를 개혁할 힘을 가지고 있어 원자의 운동을 좌우할 수도 있다. 또한 세계의 흐름은 물리 법칙에 의해 운명이 정해지는 것이 아니라 인과율에 의하지 않은 자유의사에 의해 변화되는 것일지도 모른다."

이 사상은 깊이 음미해 보면 경이로운 사고방식이다. 오히려 전자 또는 지동이론의 선에서 생각하는 것이 알기 쉬울 것이다.

이 문제를 연구하는 사람들은 잠재의식과 직접 연결을 하면 얼마나 훌륭한 일을 해낼 수 있는지를 잘 알고 있다. 수만 명의 사람은 이 세계에 있어서 재산과 권력과 명성을 쥐기 위해 오랜 옛날부터 이 잠재의식을 사용해 왔다. 또한 육체의 병을 고치고 인간의 무한한 난제를 해결하기 위해서도 사용했다.

The Magic of Believing

잠재의식의
활용법

당신이 선택해야 할 유일한 길은 이 위력을 믿고 이 책에서 설명하는 과학을 기술적으로 사용하는 것이다. 또는 당신 자신이 완벽하게 사용하기 위해 당신 나름의 방법을 발견하는 것도 좋을 것이다.

미국의 평론가로 유명했던 D. 슬리스는 내게 잠재의식은 보물과 같은 것으로 아이디어를 창출하는 데 도움이 될 뿐만 아니라 잃어버린 것도 찾아준다고 말했다. 슬리스는 당시 도심에서 먼 산간벽지에 살면서 짧은 평론과 함께 농사를 짓고 있었다.

그는 잠재의식에 대하여 깊이 연구하였고 나와 함께 이런저런 논의를 하거나 편지를 주고받았다. 다음은 그 편지 중의 하나이다.

'잠재의식이란 정말 놀라운 것이다. 사람들은 왜 잠재의식에 대해 더 많이 연구하여 일상생활에 이용하지 않는지 모르겠다. 나는 잠재의식 덕분에 많은 도움을 받아 얼마나 많은 난관을 이겨냈는지 모른다. 특별 기사의 아이디어도 나무뿌리를 뽑는 등의 원시적인 일을 하는 도중에 불현듯 머릿속에 떠오르곤 한다. 잃어버린 물건을 찾는 데도 많은 도움을 받았다….

여기서는 물건을 정말로 잃어버리는 일은 있을 수 없다. 깜박하고 놓은 장소를 찾지 못할 뿐이다. 장소를 착각했거나 실수로 떨어뜨렸더라도 있어야 할 곳에 있는 것이 당연하다. 나는 잃어버린 물건을 찾고자 할 때, 내 잠재의식이 그것을 찾아 장소를 암시해 준다. 그렇게 잃어버린 물건을 찾은 것이 수십 번이 넘는다. 방법은 이렇다. 가령 주머니칼을 잃어버렸다고 하자. 내 칼은 꽤 큰 편인데 놓은 곳을 잊어버렸거나 떨어뜨렸을 경우 나는 이렇게 말한다.

"주머니칼아 너 어디에 있니?"

그리고 잠시 눈을 감거나 허공을 멍하니 바라본다. 그러면 곧바로 대답이 돌아온다. 대답이 올 경우에는 반드시 섬광이 스치듯 번뜩인다. 나를 칼이 있는 곳으로 곧장 데려다준다. 잠재의식은 틀림없이 작용한다. 나는 습관적으로 손도끼나 갈퀴 같은 것을 아무 데나 던져놓는다. 잘 알다시피 신문 기자들은 정리 정돈을 잘하지 못하니까….

내가 이런 요령을 어떻게 터득했는지는 잘 기억이 나지 않지만, 대화 도중에 순간적으로 생각이 나지 않아 기억해 내려고 할 때, 천천히 머리를 들고 오른손을 살며시 이마 위에 가져다 댄다. 때로는 눈을 감거나 멍하니 허공을 바라본다. 이런 작은 행동만으로도 대부분은 성공한다….

발명이나 작곡, 시, 소설 등 그 밖의 독창적인 역작의 위대한 사상 등은 모두 잠재의식에서 온다는 것을 잊어서는 안 된다. 잠재의식에 사고와 재료를 부여하여 마음속 깊은 곳에서 우러나는 욕구를 더 하여 스스로 작용하도록 염원해 보라. 틀림없이 성과가 있을 것이다….

옛 선인의 말 중에 우리가 실을 짜기 시작하면 신께서 실을 내어준다는 말이 있다. 이것은 거짓말이 아니다. 이 힘에 의지하여 일을 시작하면 마술사의 손이 닿은 것처럼 저절로 바라는 대로 이루어져 만사가 형통 될 것이다. 그리고 놀랄만한 과정을 통해 성과로 이어진다. 완성을 향한 아이디어는 여기저기서 넘쳐나고, 우연인 것처럼 보이는 것도 결코 우연이 아니다. 실을 짜기 시작했을 때와 똑같은 틀의 작용이 계속되고 있다….

성공한 남녀 수천 명은 잠재의식을 전혀 모른 채 명성을 쌓거나 놀랄만한 성과를 거두는 것이라고 나는 확신하고 있다. 성공한 것이 잠재의식의 힘 덕분이라는 것을 본인이 모르고 있을 뿐이다….

산속에서 살면서 세상의 번거로움에서 벗어나 대자연과 접하며 사는 사람들은 누구보다도 잠재의식을 이용하기에 좋은 장소에 있다는 것을 느낄 때가 자주 있다. 나는 잠재의식의 위력이 우리의 생활을 구축하고 지배하는 위대한 힘이라는 것을 과학적으로 증명될 날이 반드시 올 것이라고 굳게 믿고 있다.'

위기를
돕는 힘

순간적으로 머릿속을 스쳐 지나가며 떠오르는 생각은 마치 태어나자마자 바로 죽는 하루살이와 같은 것이다. 나중에 다 모아도 하나의 힘을 만들 재료 정도의 가치밖에 없다.

그러나 잠재의식은 하나의 거대한 기구와 같은 것으로 잠재의식이 동원하는 힘은 지속하는 염력 또는 이미 앞에서 말했던 것처럼 마음속에 또렷하게 고정된 이미지이다. 잠재의식을 동원하기 위해 이성과 잠재의식의 파동 속도를 높이는 방법도 여러 가지가 있다. 그러나 때로는 어떤 한 사람이 단 한마디 말과 눈짓, 몸짓으로도 다른사람의 잠재의식은 곧바로 활동을 시작하는 경우도 있다.

또한 큰 재난의 위험과 위기의 순간이나 비상사태 등 혼자 있을 때나 타인과 함께할 때를 불문하고 당장에 행동해야 할 필요가 있을 때는 잠재의식이 갑자기 작용하게 된다. 거의 순간적으로 판단을 내리며 사람을 돕기 시작한다.

온갖 잡념과 모순된 생각을 잠재의식으로부터 몰아내면 잠재의식의 활동이 시작된다. '침사묵량(沈思默量: 깊이 생각하고 묵묵히 헤아림.)'이란 그 하나의 경우이다.

마음속에 이미지를 만들어라

　잠재의식을 활용하는 데 있어서 가장 효과적인 방법은 마음속에 이미지를 그리는 것이다. 상상력을 충분히 발휘하여 바라는 물건이나 희망하는 지위 등 실제로 욕구하는 것을 마음의 눈을 통해 있는 그대로 완벽한 영상으로 바라보는 것이다. 사람들은 흔히 생생하게 본다는 말을 하는 것처럼, 생각하고 있는 것을 눈으로 바라보는 것이다.

　그러나 가장 오래 지속하는 효과는 신앙, 다시 말해 신념을 갖는 것이다. 이 신념의 힘으로 기적을 일으켜 뭐라 설명하기 힘든 불가사의한 현상이 나타난다. 내가 말하는 것은 깊은 곳에 뿌리내린 신앙(당신의 살과 뼈와 피로 가득 한 적극적이고 굳은 신념)과 마음도 영혼도 모두 쏟아부은 신념이다.

그것을 감정의 고조, 영적 힘, 전기적 진동, 뭐라 부르든 그것은 본인 마음이지만 그 힘이 흡인의 법칙을 작용하게 하여 지속해서 생각했던 것을 물체와 연결해 준다. 신념은 마음과 사고의 주파수와 속도를 조절하여 마치 거대한 축전지처럼 잠재의식을 움직이게 하여 당신의 온몸을 감싸고 있는 영적 빛을 변형시켜 주변의 것 전부에 힘을 끼치고, 때로는 멀리 있는 사람과 사물까지도 움직일 수 있다. 당신은 개인의 생활환경 속에서 설마 이런 일이… 라고 꿈에서조차 생각하지 못했던 놀랄만한 일이 일어나는 것이다.

성경에는 그러한 것들이 많이 적혀 있다. 종교 단체, 모임, 정당 등의 입회 조건에도 그런 내용이 적혀 있는 것도 있다. 곳곳에서 신조를 위해 싸우는 사람을 원하고 있다. 강한 신념의 진동파에 감전된 사람이야말로 어쩌면 기적적인 일, 우리가 흔히 '믿을 수 없다.' 고 하는 일을 해낼 수 있다.

그런 신념은 마력의 번뜩임을 보여준다. 문명인이나 야만인이나 유사 이래 지금까지 그것을 마술의 토대로써 유지하는 것이다.

03장

잠재의식이란
무엇인가

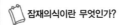 **잠재의식이란 무엇인가?**

『무의식에서 의식으로』라는 책을 쓴 프랑스의 심리학자 G. 게렌은 이런 말을 했다.

"예술가, 과학자, 문학가 등은 설령 자기 분석을 해보지 않은 사람이라 할지라도 잠재의식이 얼마나 중요한지를 잘 알고 있다. 그렇게 소중한 체험을 하지 않은 사람은 아마 없을 것이다. 현재의식과 잠재의식이 서로 조화를 이루면서 작용을 하면 인생 최고의 성공이 보장된다. 그런데도 전 세기까지는 잠재의식의 심리학적 연구에 전혀 관심이 없었다. 잠재의식이 질병이나 사고가 났을 때 불현듯 머리를 치켜드는 이상 현상이라고만 여겼다."

그런데 내가 말하는 '신념의 마술'에서는 잠재의식이 훨씬 더 중요한 역할을 한다. 그 때문에 만약 또렷한 모습을 정확하게 머릿속으로 연상하고 그것이 몸 안 어디에 있고 홀로 혹은 잠재의식과 합쳐져 어떤 식으로 작용하는지를 깨닫고 그 본질을 파악할 수 있다면 내가 말하는 과학을 쉽게 익힐 수 있을 것이다.

이 장에서 다루는 몇몇 과학은 뒤에서 몇 번이고 반복될 것이다. 이 과학의 중요한 기술적 요령은 반복된다. 그렇게 반복함으로써 이 과학을 효과적으로 익힐 수 있게 된다. 특히 이 과학을 빨리 이해할수록 더 빠르게 욕구를 달성할 수 있고 그 길을 훌륭하게 걸을 수 있게 된다.

The Magic of Believing

반복이
중요하다

먼저 잠재의식을 당신의 머릿속에 하나의 그림으로 또렷하게 그리기 위해 과학적인 표현을 쓰지 않으면 안 된다. 왜냐하면 잠재의식은 세계적으로 위대한 심리학자들의 연구와 실험 결과 드디어 전체적인 모습이 밝혀졌기 때문이다. 따라서 만약 조금이라도 이해하기 힘든 것이 있다면 반복해서 읽어주기를 바란다.

반복해서 읽다 보면 반드시 명확해질 것이다. 그렇게함으로서 이 과학의 핵심에 접근할 수 있고 소중한 토대를 구축할 수 있기 때문이다.

내가 이 잠재의식을 생각하기 시작한 것은 T.J 허드슨의 『심리 현상의 법칙』을 읽고부터이다. 이 책에서 나는 잠재의식이 어떤 식으로 각 개인의 일상생활을 도와 어떻게 위대한 과업을 행하는지를 알게 되었다. 이후로도 많은 훌륭한 책을 읽어 이해의 폭을 넓혀 왔다.

나는 현재와 잠재의 두 가지 의식의 본질을 당신의 머릿속에 또렷하게 묘사하여 이 둘의 관계와 작용을 최근 학자들의 발견에 비추어 설명하고, 혹은 당신이 그것을 어떻게 다루어 욕구를 충족시키는 데 도움을 줄지, 그리고 정말로 도움이 되는지에 대하여 올바른 설명과 도움을 주고자 한다.

"만약 의식 속에 성공하고 싶다는 욕구가 있다면 누구라도 반드시 성공할 수 있는 잠재의식이 몸속에 잠들어 있다는 것을 알아야 한다."

이것은 『잠재의식이 말하고 있다』라는 책을 쓴 P. C 페렐의 딸이 한 말이다.

그런 능력은 예로부터 유례가 없는 불가사의한 일로 알려져 왔다. 그러나 1세기쯤 전에야 드디어 심리학자의 특별한 연구와 실험 대상이 되었고 결국 잠재의식이라 불리게 되었다. 아마도 미국의 철학자 에머슨도 인간의 마음에는 두 개의 구성 부분으로 되어 있다는 것을 알고 있었을 것이다. 왜냐하면 에머슨은 다음과 같은 글을 적고 있기 때문이다.

'내 마음의 한 상태가 또 하나의 상태를 전혀 기억하지 못하고 인정조차 하지 않는다는 것을 깨달았다. 1년 전에 쓴 자신의 문장도, 그리고 그것을 정정한 사실조차도 전혀 기억나지 않는다. 그 글과 비슷한 내용을 쓰려고 해도 전혀 쓸 수가 없다. 게다가 그것이 내가 쓴 글이라는 것을 몇몇 외부적인 증거가 밝히고 있다. 다시 말해 내 자필 원고 속에 그것이 발견되었다는 것, 또한 내가 그 필사본을 친구들에게 보낸 정황 등으로 미루어 겨우 알 수 있을 뿐이다.'

The Magic of Believing

두 가지
의식의 특징

　지금은 현재와 잠재의 두 가지 의식에 대하여 널리 알려져 있다. 우리가 두 개의 마음을 가지고 있고 확연히 다른 독특한 성질과 능력을 각각의 장소와 상황에 따라 독립된 행동을 한다는 것도 알려져 있다.

　확실한 것은 현재의식이 뇌 속에서 작용하고 있다는 것이고 당신이 무언가를 열심히 집중하여 생각할 때에도 그것이 뇌 속에서 작용하고 있다는 것이다. 그것을 느끼는 것은 그리 어려운 일이 아니다. 때로는 깊은 생각에 빠질 때가 있다. 그것은 매우 힘든 일이기 때문에 지치는 경우가 있다. 더군다나 오랜 시간 생각에 빠진 탓에 머리가 아프고 눈도 피로해 관자놀이 주변이 쑤시는 경우도 있다.

　하지만 왜 그렇게 깊은 생각에 빠지게 되었는지에 대한 원인이 무엇인지를 파악하는 것도 그리 어려운 일이 아니다. 무언가를 보거나 듣고 읽은 것 등이 원인이다. 어떤 일, 혹은 가정의 이런저런 일 때문이기도 할 것이다. 아니면 오랫동안 생각한 문제로 인한 결과일지도 모른다.

어쨌거나 중요한 것은 무언가 마음속에 이미 품고 있는 것과 연관지어 생각해 볼 수 있다.

때로는 어려운 문제 해결에 전력을 다해 몰두해서 사고력이 너무 지치고 해답조차 찾지 못해 절망에 빠져 모든 것을 포기하고 던져버리는 경우도 있다. 다시 말해 의식적으로 후련하게 그것을 마음속에서 내몰아버리는 경우가 있다.

이런 체험은 힘든 문제 등으로 괴롭지만 머릿속을 맴돌며 떠나지 않아 잠 못 이루는 밤 등에 흔히 있는 일이다.

당신이 그렇게 지금까지 생각했던 것을 머릿속에 방치해 버리면 그 생각은 곧바로 어딘가에 가라앉아 당신의 몸 아래로 빠져버리는 느낌이 든다. 그러면 순간적으로 마음의 긴장이 풀리면서 잠을 깊이 잘 수 있게 된다.

다음 날 아침에 눈을 뜨면 다시 전날 밤의 문제를 떠올린다. 그러면 홀연듯 당신 마음의 눈앞에 어젯밤에 풀지 못했던 난제의 이미지가 떠오른다. 그러나 놀랍게도 어느새 문제가 완전히 해결된 것은 물론이고 당신이 어떻게 행동해야 할지에 대한 해답도 제시된다.

전날 밤 괴로워하던 난제는 당신이 의식 속에서 쫓겨나 대체 어디로
간 것일까? 또한 몸 안의 어떤 힘으로 그 어려운 문제가 해결된 것일
까? 많은 작가, 웅변가, 미술가, 작곡가, 아이디어 맨, 발명가 그 밖에도
창조력을 발휘하는 일을 하는 사람들은 먼 옛날부터 의식적이거나 무
의식적으로 잠재의식을 사용해 왔다.

미국의 소설가 프롬필드는 다음과 같이 말했다.

"다른 작가들도 그렇겠지만, 먼 옛날 어떤 소중한 것을 발견했다. 그
것은 심리학자가 잠재의식이라 부르는 것으로 우리의 마음속에 있다
고 한다. 잠자고 있을 때, 쉬고 있을 때, 혹은 글을 쓰지 않고 다른 일을
하고 있을 때 등 아무런 전조도 없이 갑자기 작용하는 것이 있다. 나는
마음의 이 부분을 훈련한다면 내 작업에 도움이 된다는 것을 깨달았
다. 아침에 일어나면 표현과 구상과 등장인물 때문에 오랫동안 고민하
던 문제가 잠자고 있는 사이 모두 해결된 것을 발견했다. 잠재의식은
조상 대대로 본능과 경험의 축적을 통해 결코 오판을 하지 않는다. 나
는 오랫동안 심사숙고한 끝에 내린 결론 모두를 잠재의식의 결정에 맡
기고 신뢰하고 있다."

위에서 말한 현재와 잠재의 두 가지 마음에 대하여 여러분도 대략적
으로나마 이해했을 것이라고 생각한다. 현재의식은 머릿속에 있다가
의식의 표현으로 드러난다. 잠재의식은 몸 안에 있고 의식의 선 아래

에 숨어 있다. 그리고 이 둘 사이에는 어떤 통신에 의한 연락이 이루어

지고 있다.

잠재의식은
힘의 근원

사고의 원천은 의식하는 마음에 있다. 눈을 뜨고 있을 때처럼 일상 생활의 지각 또한 그 의식이다. 우리가 현재 여기에 있다는 지각, 환경을 인정하고 그것을 이해하는 힘, 마음이 어디로 향하고 있는지 지휘하는 능력, 과거의 회상, 감정과 그로 인해 발생하는 원인을 아는 힘 등도 잠재의식이다.

좀 더 구체적으로 말하자면 우리 주변의 것과 사람, 성공과 실패의 체험, 토론의 옳고 그름, 예술작품의 아름답고 추함 등을 합리적으로 파악하는 것은 의식 덕분이다.

현재의식의 주된 힘은 이성, 논리, 형식, 비판, 자각, 도덕심 등이다. 우리는 그 힘으로 외부 세계를 인식한다. 그것이 요구하는 기관은 오감이다. 현재의식은 육체의 필요를 충족시키기 위한 것이기 때문에 물질적 환경에 대한 우리의 투쟁에 사용된다. 그중 최고의 임무는 이성을 이용해 모든 방법을 귀납하고 추리하여 분석과 통합을 하면서 사고 작용을 하는 것이다.

가령 당신이 의학적으로 새로운 혈청을 발견하고자 하는 연구를 계획한다고 하자. 그러면 우선 의식을 작용시켜 이성의 귀납 능력을 활용시키고 감각에 의해 확인된 사실을 작은 파일에 자료화하는 것까지 모두 진행시킨다.

이제 그것들을 일일이 비교하고 비슷한 점과 다른 점을 확인한다. 그것 중에서 성질과 사용 방법과 기능이 같은 것을 골라 하나로 정리할 방법을 찾는 노력을 한다. 쉽게 말하면, 비슷한 것끼리 모아둔 파일에서 전체를 매듭지을 폴더를 만드는 것과 같다.

그것은 하나의 지식에 도달하는 과학적 방법으로 대학 등의 근대적 교육의 근본이 되는 것이다. 대부분 그런 방법으로 우리는 인간, 사회, 사업, 직업, 경제적인 모든 문제를 해결해 왔다.

이런 식으로 판단력을 작용함으로써 실질적인 많은 문제를 해결한다. 그러나 때로는 어떤 이유에서 도무지 해결할 수 없는 것이 나타나 질질 끌게 된다. 그러면 우리는 피로에 지쳐 더 이상 노력을 계속할 용기가 사라지고 자신을 잃어 절망감에 사로잡혀야 했던 일을 포기하고 자포자기 심정에 빠지는 결과로 이어진다. 그럴 때 비로소 잠재의식이 고개를 내밀며 급박한 상황의 지휘봉을 잡게 된다. 다시 말해 우리에 게 자신감을 되찾고 역경을 극복할 힘을 주어 일을 완성할 수 있는 길 로 인도해 준다.

The Magic of Believing

개인적
에너지의 원천

　현재의식이 사고의 원천인 것과 마찬가지로 잠재의식은 힘의 원천이다. 또한 평생 위대한 원동력의 하나이기도 하다. 그것은 본능을 바탕으로 개개인의 근본적인 욕구를 잘 알고 있다. 그리고 항상 현재의식으로 떠오르기 위해 밑에서 위로 올라오려는 노력을 끊임없이 지속하고 있다.

　그것은 다른 사람들과 외부 세계로부터 들어오는 무의식적 인상과 기억의 창고이기도 하다. 오감이 받아들인 사실과 체험 등 현재의식이 끊임없이 보내오는 것을 현재의식을 대신하여 소중히 보관하여 언제라도 요구에 따라 사용할 수 있는 자료의 거대한 저장고로서 현재의식이 사용할 날만을 기다리고 있는 것이다.

그러나 잠재의식의 임무는 그것만이 아니다. 각 개인의 에너지원으로서 일종의 발전소처럼 중요한 역할도 한다. 사람은 이곳에서 활력을 보충받아 힘과 용기를 얻어 자신에 대한 신뢰감을 회복하게 된다.

잠재의식은 시간과 공간을 초월한다. 말하자면 강력한 발신과 수신을 겸용하는 방송국과 같은 작업을 우주에 펼쳐진 방송망과 연결하여 물리적, 심리적, 정신적 세계와 영적 세계에까지 뻗어 과거와 현재는 물론이고 미래와 교신까지 할 수 있다. 이것은 수많은 연구가들이 주장하는 것이다. 당신의 잠재의식은 이 정도의 위력을 가지고 있다. 이것을 요약하면 과거의 정서와 지혜의 집적(集積), 현재의 감각과 지식, 미래의 사고와 이미지 등 모든 것을 쥐고 있는 것은 잠재의식이라는 것이다.

에머슨은 '본능' 이라는 말을 쓰면서 잠재의식은 뛰어난 특징을 가진 것이라고 했다. 다음의 문장에서 유추해 볼 때 그 본능이란 분명히 잠재의식을 가리키고 있다.

'사고와 행동의 진짜 지혜는 모든 본능으로부터 나오는 것이다. 그 지혜가 우리의 것이 되는 것은 쉬운 일이 아니지만, 그렇다고 불만을 품어서는 안 된다. 인생의 모든 국면에서 이 본능을 이용하는 것은 매우 현명한 일이다. 우리는 모든 기회에서 이 본능의 길잡이를 충실히 따라야 한다. 이 길잡이를 의지하기로 결정만 한다면 지혜는 쓸수록

넘쳐 나게 된다.'

잠재의식의 위력은 다양하다. 주로 직관력, 정서, 확신, 영감, 암시, 추리, 상상력, 조직력으로 기억과 왕성한 정력은 두말할 필요도 없다. 잠재의식은 육체의 감각기관에 의지하지 않고 완전히 다른 방법으로 외부 세계를 파악한다.

그것은 직관력에 의한 인식이다. 감각기관이 활동을 멈추고 있을 때, 잠재의식은 더욱 활발하게 작용하여 최고의 기능을 발휘한다. 게다가 수면 중에는 물론이고 눈을 뜨고 있을 때에도 그 힘을 작용시킬 수 있다. 그것은 분명히 하나의 독립된 존재로 독자의 힘과 기능을 가지며 근본적으로는 독립된 진귀한 정신기구로 개인의 육체와 생명에 밀접한 관계가 있으면서, 또한 육체와는 완전히 독립된 활동도 한다.

세 가지 기능

잠재의식은 다음 세 가지의 주된 기능을 하고 있다.

1. 육체의 필요성을 즉각적으로 파악하고 의식의 힘을 빌리지 않은 채 육체의 안전과 생존을 위해 전력을 다한다.

2. 일대 위기 상황에서 잠재의식은 곧바로 행동을 시작해 육체의 구조를 위해 잠재의식과 독립하여 최고의 지휘권을 쥐고 놀라운 확신과 이해력을 통해 빠르고 정확하게 생명을 구하기 위해 활약한다.

3. 영적 세계에서도 활동 능력을 갖추고 있다. 다시 말해 텔레파시, 투시, 염력 등에도 잠재의식의 심리능력이 작용한다. 또한 긴급 상황에서는 현재의식을 돕기 위해 요구를 기다리지 않고

잠재의식 특유의 위력과 재량을 발휘하여 사활이 걸린 문제 해결에 나서고 개인의 욕구 등도 실현하게 한다.

내가 여기서 다루고자 하는 것은 이 세 가지 주요 기능 중에서 특히 중요한 마지막 항, 다시 말해 욕구달성 부분이다. 특히 잠재의식을 당신의 행복을 위해 작용하게 하기 위해서는 어떻게 해야 하는지 기술적인 방법이 문제가 된다. 잠재의식의 기능과 위력을 알고 그것을 각성시키고 활약을 촉진하기 위해서는 어떻게 해야 좋을지 주제가 되는 것이다.

능력 범위 내의 것을 욕구한다

당신은 우선 정당한 당신의 능력 범위의 것과 스스로 해낼 수 있다는 능력 한도 내에 있는 것을 욕구의 목적으로 삼는 것이 중요하다. 무모하고 불합리한 요구는 삼가야 한다. 잠재의식은 그 사람의 실제 능력의 선을 따라서만 힘을 발휘할 수 있기 때문이다. 참고 견디며 목적이 달성되는 것을 기다리는 마음가짐, 그것이 이루어질 것이라는 절대적인 신념을 갖는 것도 중요하다.

프랑스의 철학자 T. S 쥬프로와는 다음과 같이 말하였다.

"잠재의식은 믿으려 하지 않는 사람을 위해서는 작용하지 않는다."

참고로 잠재의식에 당신의 욕구를 보낼 때는 욕구하는 대상이 이미

채워졌다는 마음가짐으로 그것을 기정사실로 보는 것도 배워야 한다. 바꿔 말하면 그것이 훌륭하게 성취된 것처럼 당신이 생각하고 또한 그렇게 느끼는 것이 중요하다.

거기서 한발 더 나아가 당신이 이미 성공했을 때의 상황을 실제 마음의 눈으로 생생하게 보아야 한다. 욕구하고 있는 것을 달성한 뒤, 당신이 동경하던 상황에 이미 서 있는 실제 모습의 이미지를 마음의 눈으로 보아야 한다. 그리고 마지막 단계로 당신의 잠재의식이 욕구의 세부까지 모두 소화하고 흡수하여 그 하나하나를 당신을 위해 실현 작용을 일으킬 때까지 참고 기다려야 한다.

이윽고 잠재의식 특유의 설계 기획이 애타게 기다리는 당신의 잠재의식 속에 단편적으로 흘러 들어간다. 당신의 욕구가 실현되어가는 모습이 마치 뱀이 허물을 벗듯이 드러남과 동시에 앞으로 어떻게 행동해야 할지도 눈에 보이는 것처럼 생생하게 된다. 그때는 머뭇거리지 말고 당장에 그 방침에 따라 행동하면 된다.

마음속에 주저와 염려가 있어서는 안 된다. 잠재의식의 알림을 순순히 받아들여 이해할 수 있게 되었으면 당장 그대로 행동에 옮기면 된다. 그렇게 해야만 잠재의식은 당신에게 봉사하고 당신의 요구에 따라 계속 작용할 것이다.

그러나 당신의 욕구는 위에서 말한 방법으로 모두 다 해결될 것이라고는 장담할 수 없다. 말하자면 건축설계의 청사진처럼 완성된 것으로 그 도면대로 실행에 옮기면 한 걸음씩 당신을 최종 목적지에 인도해 주지만 완전한 것과는 다른 경우도 있다.

오히려 그것은 성격이 완전히 다른 불가사의한 힘으로 때로는 당신의 몸속에 강한 충동을 일으키는 경우가 있다. 아무런 의미가 없는 것 같지만 전혀 논리적 연관성이 없어 보이는 것을 무조건 해야 하는 충동에 사로잡히는 불가사의한 무언가를 느끼는 경우도 종종 있다. 그래도 상관 없다.

잠재의식의 위력과 지혜에 의지하여 언뜻 보기에도 전혀 이해되지 않는 일을 그대로 받아들이기만 하면 된다. 그러면 언젠가 잠재의식의 도움을 받아 욕구하고 있는 것이 불현듯 눈앞에 나타나 그 앞에 서 있는 자신의 모습을 볼 것이다.

손을 뻗기만 하면 당신이 실제로 바라던 것들이 달성을 목전에 두고 있다는 것을 깨닫고 깜짝 놀라게 될 것이다.

이 순간에 과거를 되돌아보면, 당신이 걸어왔던 모든 길이 논리적인 일련의 사건들의 연쇄 고리로서 이해 할 수 있고 마지막 한 단계는 바로 당신의 성공! 당신의 승리! 이다. 마음속 깊이 바라던 욕구의 성취는 당신의 하늘에서 당신의 머리 위로 쏟아지듯 감싸는 놀라운 사실을 생생하게 목격하게 될 것이다.

04장

암시는
힘이다

암시는 힘이다

"스스로의 힘으로 할 수 있다고 생각하라. 그러면 틀림없이 할 수 있다!"
어떤 일이든 스스로 할 수 있다는 신념을 갖고 추진한다면 어떤 일이든 훌륭
하게 성취할 수 있다.
성공으로 향하는 빼어난 힘, 또는 가동력이란 신념을 가지는 것이다.
"모두 열심히 싸워 적을 물리치자!"라고
누군가 앞장을 서서 큰소리로 외치자. 축구 경기에서나 전쟁터에서도, 혹은 사
업의 세계에서도 마찬가지다.
이렇게 갑자기 외치는 신념의 목소리가 전광석화처럼 번뜩이며 모두의 사기를
충천시켜 패전이 짙은 싸움을 뒤집고 승리로!, 성공으로! 불리한 전세를 승리
로 뒤바꾸는 것이다. 이것은 누군가 위대한 신념을 가진 사람만이 할 수 있다
는 것에서 비롯되는 일이다.

The Magic of Believing

암시의 종류

배가 난파되어 바다 한가운데 떠 있다고 가정해 보자. 이제 죽었다고 생각하는 순간 살 수가 없다. 하지만 그 순간 갑자기 어떻게든 살아야 한다거나, 무슨 일이 있어도 위험에서 벗어나겠다는 긍정적이며 적극적인 생각을 품었다고 가정해 보자. 그러면 적극적인 생각은 신념이라는 것으로 형성되어 간다. 이 신념과 함께 당신을 도울 힘이 어디에선가 찾아오게 된다. 그리고 화염과 연기 속에 갇혀 제정신이 아닌 상황에서도 앞에서 말한 힘이 솟아난다면 반드시 위기에서 벗어날 수 있다.

철학자 에머슨은 이렇게 말했다.

"역경에 부딪히고 위기에 직면한 경우에는 항상 우리의 무의식적 행동이 최상의 것이 된다."

잠재의식은 위대한 힘의 보물창고다. 이것을 증명해 주는 이야기는 셀 수 없이 많다. 잠재의식의 명령에 따라 행동한 덕에, 혹은 잠재의식이 초인적 힘을 발휘한 덕으로 나약한 사람들조차 평소의 능력을 초월해 상상조차 할 수 없었던 일을 해내는 예는 매우 많다. 유명한 작가나 웅변가도 잠재의식은 마르지 않는 사상의 흐름을 무한으로 공급해 준다며 경탄하고 있다.

많은 신비한 종교와 온갖 성인들의 교훈과 심리 관계에 대하여 연구해 보면 그 모든 것의 뿌리는 하나라는 사실을 알 수 있다.

'암시는 반복이다.' 이것을 발견한 나는 놀라움을 금치 못했다. 예를 들어 어떤 동작과 말과 형식 등을 반복하거나 의미도 없는 것을 단순히 아무 생각도 없이 반복하는 것이지만, 여기에는 깊은 의미가 있다는 것을 깨달았다.

종교 연구의 권위자 W. 시브룩의 말에 따르면, 미개한 곳의 마술사와 부두교 그 밖의 수많은 기괴한 종교의 신봉자들은 무언가 한 가지 것을 반복함으로써 신령을 불러내 악령의 마술을 한다. 온갖 종교의 성가와 주술과 기도는 많이 반복할수록 좋다고 권하고 있다. 기독교, 불교, 이슬람교의 기도, 말 등이나 접신론자와 통일파, 절대파, 진리파, 신사상주의, 정신요법 등 다양한 종교와 종파의 교리도 마찬가지다.

사실 모든 종교의 뿌리는 바로 이것이다. 미개인의 마술은 악령을 부르는 것이고, 문명인의 그것은 선령에 의지한다는 점이 다를 뿐 간단한 것을 반복한다는 점에서는 모두 마찬가지다.

좀 더 관찰의 폭을 넓히면 세계 각지의 전통 예술에서 엿볼 수 있는 북이나 징을 두드리며 단순한 소리를 반복하는 것도 똑같은 원리로, 그 음파의 진동이 사람들의 마음을 울리고 자극을 받아 흥분시키고 결국은 죽음조차 두려워하지 않는 정신세계까지 고양해 간다. 아메리카 인디언은 전투 전 춤사위도 정신 고양을 위한 육체 운동의 반복이고, 기우제 의식 또한 마찬가지다. 또한 이슬람교도의 선율과 전쟁터의 돌격 나팔소리를 비롯해 공장에서 능률을 높이기 위한 음악도 완전히 같은 원리이다.

어떤 종교, 어떤 종파, 혹은 집단이라도 신비로운 것이든 아니든 간에 특정 언어를 반복하는 형식을 취한다는 것은 잘 알려진 사실이다. 거기에 암시적 힘이 나타나는 것은 두말할 필요가 없다. 암시의 힘으로 각각의 교리에 따른 현상이 나타나는 것이다.

그것은 자기 암시 또는 외래 암시든 육체 안에 있는 기능의 활동을 촉진해 잠재의식의 창조적 작업을 일으키는 것이다. 기도 등을 반복하는 것은 바로 이 때문이다. 같은 종교, 같은 주문, 같은 맹세를 반복하다 보면 어느샌가 신앙, 혹은 신념이 생기기 마련이다. 일단 신념이 뿌리를 내리게 되면 온갖 현상이 일어나게 된다.

건축가가 교량이나 건물 등 입찰 전에 일련의 설계도와 명세서를 바라보며 반드시 입찰을 따내겠다는 신념에 불타고 있다고 하자. 이때 그들은 자신에게 이렇게 말한다.

"나는 이 건축을 할 수 있다. 반드시 해내고야 말겠다."

그는 마음속으로 자신도 모르게 수천 번을 반복한다. 그러면 어느 순간 그 암시가 뿌리를 내리기 시작해 낙찰을 받아 결국 건축물을 완성하는 첫발을 내딛게 해준다. 반대로 '안 돼. 어렵겠어.' 라고 생각한다면 그 일은 절대로 그 사람에는 불가능한 일이 된다.

반복 암시의
위력

히틀러는 이와 같은 방법을 이용하여 독일 민족을 통일하고 세계 정복에 나섰다. 그가 쓴 『나의 투쟁』을 읽으면 확실하게 알 수 있다. 히틀러는 암시 이론에 능통하여 그것을 활용하는 수단에 있어서는 놀라울 정도의 달인이었다. 그는 명배우의 훌륭한 연기와 온갖 선전 도구를 이용해 대규모의 암시 작전에 나섰다.

그는 이렇게 공언했다.

"암시라는 심리기술 사용법을 알고 있는 사람의 손아귀에 들어가면 끔찍한 무기가 된다."

히틀러는 틈만 나면 '자신들이야말로 선택받은 민족'이라는 반복적인 말로 최면을 걸었다. 그 효과는 신념이 되고, 다시 암시의 반복에 의해 강화되었고 결국 그들은 행동으로 그것을 증명해 보였다.

무솔리니도 똑같은 암시의 원칙에 따라 이탈리아를 햇빛 속으로 끌어들이려 했다. 스탈린도 러시아를 지금의 상황으로 이끌기 위해 같은 방법을 이용했다. 미국의 근대 최면학회는 스탈린이 반복암시의 위력을 러시아 국민에게 사용해 국민들에게 실력이 있다는 자신감을 심어주기 위해 분투하였기에 우리는 그를 세계에 영향을 끼친 10명 중의 한 명으로 뽑았다. 그리고 '최면술자의 눈' 이라 부르며 '대중 최면술사' 라는 낙인을 찍었다.

일본 군부도 국민을 강렬한 전사로 만드는 전통이 있다. 일본의 아이들은 태어나자마자 세계를 지휘하는 운명인 '하늘의 자식' 이라고 배우며 그것이 암시되었다. 그렇게 성장하면서 스스로 기도하고, 노래하고, 믿었다.

러일전쟁 이후 수십 년 동안 일본인은 스기노 해군 부사관을 결사의 투사로서 영웅 칭송을 하며 몇몇 기념비를 세워 노래와 영웅담을 전하였고, 청년들에게 그를 본받아 결사대가 되는 것이 최고의 명예라고 가르쳤다. 그런데 여순항에서 러시아 함대를 가두고 자폭하였을 때, 전사했다고 전해진 스기노는 사실 죽지 않았다. 중국 배에 의해 구조된 것이다. 그러나 일본에서는 이미 일대 영웅으로 숭배하고 있다는 소식을 듣고 영원히 세상에 나서지 않기로 한 스기노는 만주에 머무르기로 했다. 그가 건강하게 장수하고 있다는 소식을 전쟁이 끝나고 AP

통신이 전했다.

그런데도 스기노와 같은 죽음이 최대의 영웅이자 위업으로 일본 청년들에게 주입했고, 비록 이러한 굳은 신념이 가공의 사실이라 할지라도 수많은 일본의 젊은이들에게 스스로 죽음의 길을 가게 하였다.

사고의
강풍을 따르라

미국 또한 제1차, 2차 세계대전을 통해 암시의 힘에 압도당해 모든 개인적인 사고가 마비된 채 대중은 정해진 틀에 얽매이게 되었다. 전쟁에서는 무조건 승리하지 않으면 안 된다는 것이 바로 그것이었다.

"전쟁에서 이론을 제기하는 것은 반역이다!"

누군가 이렇게 탄식했지만, 여기서도 반복되는 사상의 놀라운 힘을 엿볼 수 있다. 이 힘이 국민을 지배하고 국민은 그 명령에 따라 움직이지 않을 수 없었다.

계속해서 반복되는 암시의 위력은 우리의 이성을 마비시키고 직접 감정에 작용하여 결국 잠재의식의 깊은 곳까지 파고든다. 이것이 광고가 성공하는 기본 원리이며, 암시를 계속해 반복하여 그것을 믿게 만들어 사람들에게 앞다투어 구매하게 만드는 것이다.

　최근에는 비타민 광풍의 시대다. 세상 사람들은 여기저기 일상생활의 모든 상황에서 비타민 공세를 당하여 모두가 캡슐형식의 비타민을 사고 있다. 비타민의 가치를 반복적으로 암시하는 광고에는 엄청난 위력이 있는 것이다.

　수백 년 동안 토마토에 독이 들었다고 여겼던 사람들은 토마토를 입에 대지도 않았다. 하지만 겁 없는 누군가가 토마토를 먹고도 죽지 않자 지금은 수억 명의 사람들이 먹고 있다. 불과 100년 전까지 토마토는 사람이 먹을 수 없는 것이라는 암시를 받았다. 지금은 그런 이야기를 전혀 들을 수 없게 되었다.

　또 한가지 예가 있다. 요즘에는 굴에 미친 사람들이 많다. 카사노바들이 즐겨 먹었던 굴도 옛날에는 전혀 먹지 않았다. 그 이유는 이 생물에 독이 있다면 죽을지 모른다는 혹시나 하는 두려움과 압박감이 있었기 때문이다. 하지만 어느 담대한 사람이 암시를 받아 굴을 먹고 죽지 않자, 그 후로는 왕이든 백성이든 모두가 좋아하게 되었다고 한다.

　모든 종교 운동의 시조들은 암시를 반복하는 것이 얼마나 큰 위력을 갖는지를 잘 알고 있어 큰 성과를 거둘 수 있었다. 우리가 신봉하는 종교의 교리는 태어나자마자 들어야 했고 부모의 부모, 조부모의 조부모를 거쳐 주입되어 왔다. 여기에는 종교의 교리를 믿음으로써 유래한 교양의 마술이 반드시 힘을 발휘하고 있다.

"집중하고 있을 때는 통증을 느끼지 못한다."

"무지하면 행복하다."

이런 말에도 깊은 의미가 있다. 우리는 의식을 해야 비로소 위험을 느끼고 고통을 느낀다. 불가능하다는 것을 모르고 용맹하게 돌진한 덕분에 결국은 불가능한 일을 해냈다는 사람들의 이야기를 많이 들었을 것이다.

갓난아기는 두 가지 공포밖에 모른다고 심리학자는 말한다. 높은 소리에 대한 공포와 추락의 공포이다. 우리가 느끼는 그 밖의 공포는 모두 지식과 경험에서 비롯된다. 다시 말해 보고 듣고 배우면 공포심은 커지는 것이다. 나는 남녀를 막론하고 떡갈나무처럼 단단하여 주변의 모든 사상의 역류 속에서도 흔들림 없이 서 있는 사람이 믿음직스럽다고 생각한다. 그러나 대부분의 사람은 묘목처럼 미풍에 흔들리다 결국에는 몰아치는 사고의 강풍과 같은 방향으로 뻗어가게 된다. 모든 것은 암시다.

성경은 사상의 힘, 암시의 힘을 보여주는 수많은 사례가 있다. 구약성서에서 야곱은 군데군데 껍질을 벗겨 얼룩 모양의 나무와 가지를 소와 양이 마시는 물 수조 옆에 세워 가축들에게 독특한 문양이 생기게 하여 큰돈을 벌었다는 이야기가 나온다. 가축은 수조 옆에서 잉태하여 반점이 있는 새끼를 낳은 것이다.

오를레앙의 가녀린 소녀 잔다르크는 하느님의 목소리를 듣고 그 암시의 힘으로 프랑스를 살리는 사명이 자신에게 있다고 믿고 필승의 신념을 병사들의 마음속에 심어주어 훨씬 강한 영국군을 물리쳤다.

미국 근대 심리학의 아버지 W. 제임스는 "미심쩍은 사실을 앞에 두고 성공할 수 있는 유일한 조건은 믿는 것"이라고 했다. 신앙은 인간보다 위의 것의 힘에 작용하여 발동을 재촉한다고 그는 말했다. 바꿔 말하면, 신념은 어떤 현상을 드러나게 한다는 것이다.

성공도 실패도
마음으로부터

이제 스포츠 세계를 살펴보자. 축구나 야구 등에서 암시의 위력이 어떤 의미가 있는지는 누구나 알고 있다. 노트르담 선수단의 명 코치 K. 로큰은 암시에는 위대한 효력이 있다는 것을 알고 끊임없이 암시를 활용했다. 그는 각각의 팀 성격에 맞춰 이용방법을 바꾸는 요령을 알고 있었다.

어느 날, 노트르담 팀은 평소보다 성적이 나빠 전반전이 끝날 무렵에 매우 무성의한 추태를 보였다. 선수들은 대기실에서 신경이 곤두선 채 로큰이 어떻게든 기분전환을 시켜주기만을 기다렸다. 이윽고 문이 약간 열리면서 그 사이로 로큰이 살짝 얼굴을 내밀었다. 로큰은 선수들의 얼굴을 둘러보고 "이런 잘못 들어왔군. 상대 팀 대기실과 착각했네.”라고 말하고 문을 닫은 채 대기실에 나타나지 않았다. 선수들은 멍하니 바라보다 자신들이 조롱당했다는 것을 깨닫고 화가 치밀었다. 그렇게 후반전 게임에 나가 결국 승리를 하였다.

로큰은 다방면으로 팀에 대한 심리효과를 구분해 '암시의 마술'을 사용하여 자신이 코칭하는 팀을 어떻게 분투하게 만들었는지는 오랫동안 사람들의 입에 오르내렸다. 로큰의 격려 암시를 녹음하여 시합 전에 선수들에게 반복해서 듣게 하는 팀도 있었다. 스포츠계에서는 이런 이야기가 얼마든지 있다. 디트로이트 타이거스의 M. 콕렌은 마이너리그 팀을 암시의 방법을 이용해 아메리카 리그 최고의 팀으로 만들었다. 당시 신문기사를 그대로 인용해 보겠다.

'매일 불길을 토해내는 듯한 연마를 통해 콕렌은 승리의 복음을 전하였다. 승리는 스스로 쟁취하는 것이라는 말을 반복하여 선수들의 머리에 각인시켰다.'

이와 비슷한 힘은 변화무쌍한 주식시장의 매매 기준 가격에서도 작용한다. 나쁜 뉴스는 당장에 가격을 떨어뜨리고, 좋은 뉴스는 급등시킨다. 주식의 본질적 가격은 변하지 않지만, 시장에서 매매를 지배하는 사람의 사고방식은 뉴스에 따라 바로 변동하고, 그것이 주식을 가진 일반 사람들의 마음에 까지 반영된다. 실제로 일어난 일은 아니지만, 증권을 지닌 사람들은 앞으로 벌어질 것이라고 믿는 그 자체가 주식을 사거나 팔게 하는 것이다.

The Magic of Believing

공포심이 불황과
전쟁을 초래한다

불황의 시대에는 그 암시의 힘이 상상 이상으로 강력하게 작용하였다. 사람들은 매일 "불경기야. 장사가 안돼. 은행이 도산했어. 앞날이 깜깜해."라는 식의 말을 듣거나 터무니없는 소문을 가는 곳마다 듣게 된다. 결국 그것이 전국적으로 퍼지면서 수백만 명의 사람들이 두 번다시 번영은 없다고 믿으며 절망하고 만다.

아무리 의지가 강한 사람이라도 계속되는 공포를 만들어내는 이러한 사상의 진동파에 쉴 새 없이 당하게 되면 의기소침해지는 것은 당연한 일이다. 금전의 흐름은 민감한 것이라 공포의 암시가 계속된다면 곧바로 그것이 반영되어 사업은 파산되고 사람들을 줄줄이 실업자가 되고 만다. 은행의 폐쇄와 기업의 도산 소문이 곳곳에서 퍼지면 사람들은 소문을 믿고 그 소문에 따라 행동한다.

인간의 공포심이 말 그대로 불황의 시대를 만들어낸다는 사실을 세상 사람들이 마음속에 염두에 둔다면 두 번 다시 경제 불황은 오지 않을 것이다. 불황을 두려워하기 때문에 불황이 닥치는 것이다. 전쟁 또한 마찬가지다. 세계가 불황과 전쟁에 대한 생각을 버린다면 그것은 현실에는 존재하지 않는 가공의 것이 된다. 우리가 감정적으로 생각하고 만들어내지 않는 한 경제구조 속에서 그런 불황과 전쟁은 결코 침입할 수 없다.

유명한 심리학자이자 오랫동안 노스웨스턴대학 총장을 지낸 W.D 스콧 박사는 이렇게 말했다.

"사업의 성공과 실패는 능력에 의한 것이 아니라 마음가짐에 의한 것이다."

세상을 통해 인간은 똑같은 감정, 똑같은 영향, 똑같은 진동의 지배를 받는다. 대사업도, 마을도, 시도, 국가도 모두 다 개인의 집단으로 그 사람들의 생각과 신념에 의해 지배를 받는다. 모든 것은 개인이 생각하고 믿는 그대로의 모습이 된다. 시의 사람들이 생각하는 것은 그 시의 모습이 되고 전 국민이 생각하는 것은 그 국가의 형태가 된다. 그것은 피할 수 없는 자연의 결론이다. 그들 자신의 생각과 신념의 반영이다. 솔로몬 왕은 이렇게 말했다.

"사람이 마음속으로 생각하는 것, 그것이 바로 그 사람이다."

이미지가 잠재의식을
약동시킨다

1938년 10월 30일 밤 8시, 오손 웰스는 화성에서 침공한다는 하버드 웰스의 『우주 전쟁』을 라디오 소설로 방송하여 수백만 명의 사람들을 광란에 빠뜨렸다.

사람들은 밖으로 뛰쳐나왔고, 경찰서는 군중들에게 포위되었으며, 미국 동부 일대의 전화국은 통신 불능의 상태에 빠졌고, 뉴욕시 주변의 교통은 마비가 되고 말았다. 방송 몇 시간 뒤, 수백만 명의 청취자 대부분이 공포에 빠지고 말았다. 화성의 침공을 사실이라고 믿은 것이다. 믿음은 희한하게도 이상한 사태를 초래하는 힘이 있어 그것이 현실에서 이루어진다는 것이다.

중요한 스포츠 경기 전날 대학 등에서는 기세를 올리기 위해 응원대

회를 연다. 이것도 같은 원리이다. 격려 연설과 우래와 함성 등은 암시가 되어 이기고자 하는 의욕을 고취한다.

메이커의 판매부장도 조회에서 같은 방법으로 라디오나 녹음기 등을 이용해 영업사원의 감정을 고양해 모든 직원이 지금까지의 판매 실적을 깰 수 있도록 지혜를 짜낸다.

군대에서도 조금씩 차이는 있지만 똑같은 원리에 따라 모든 나라에서 행해지고 있다. 예를 들어 많은 병사를 훈련시킬 때, 병사들이 명령에 바로 복종하도록 훈련을 반복함으로써 본능적으로 정신과 육체가 기계처럼 자동으로 움직인다. 그렇게 해야만 실전에서 필요한 신념이 저절로 솟아나는 것이다.

잠재의식은 현재의식으로부터 명령을 받아 암시의 근본이 되는 자극을 받는다. 또한 외부 세계로부터의 자극을 현재의식을 통해 받아들인다. 그러나 만약 현재의식이 그 자극을 어떤 목적을 갖고 잠재의식으로 보낼 때, 그 목적을 마음속의 이미지로써 또렷이 제시하면 바라던 목적은 그만큼 빨리 실현된다.

이것을 특별히 마음에 새겨두기 바란다. 이미지가 만약 대략적이고 미완성의 것, 또는 간단한 스케치 정도라고 할지라도 잠재의식을 가동하는 효과가 있다.

예를 들어 교회나 비밀집단 등의 극적인 배경이 있는 축제나 의식 등은 중요한 마음의 이미지를 만드는 역할을 한다. 감정을 흔들어 참가자의 마음속에 무언가 신비한 이미지를 연상하게 하는 효과가 있다.

그런 축제의 배경은 사람의 주의를 끌게 마련이다. 그 상징 속에 감춰진 특별한 의미와 사고가 내포되어 있어 사람들의 마음속에 그 무언가를 심어주는 것이다. 온갖 조명, 온갖 기구와 사람들의 축제 의상 등은 회화적인 효과를 낸다.

거기에는 미묘한 음악이 자주 동반되어 유령이라도 나올 것 같은 신비한 분위기를 자아내어 참석자들에게 영묘한 감정에 빠져들 마음의 자세를 만들어준다.

The Magic of Believing

믿음이
운명을 만든다

그러한 것들은 고대의 인류로부터 계승된 역사적 사실이다. 문명인 뿐만이 아니라 먼 옛날의 원시 민족 사이에서도 각자 특유의 의식이 있다. 이렇게 사람들에게 인상을 각인하는 방법은 심령연구 모임이나 수정 구슬을 들여다보며 점을 치는 것에 이르기까지 모두 이루어지고 있다.

집시가 보는 운명 점에서도 이런 장치가 있다. 그런 분위기는 잠재의식에 수면을 촉진시킨다. 비록 일시적일지라도 수면을 유도한다. 이런 분위기를 만들어내지 않는다면 우리의 지나친 현실감각은 쉽게 승복하지 않는다. 뜨거운 마음으로 신비함과 기적을 바라는 것만으로는, 현상이 일어날 것이라는 확신을 가질 때까지의 힘이 되기는 어렵다.

내가 이렇게 말하는 것은 절대로 종교의 신이나 정직한 사람을 업신여기는 의미는 아니다. 대중에게 호소하는 예로부터의 방법을 말하고 있을 뿐, 대중의 감정을 환기하고 고양하는 것이 대중의 현실감을 빠르게 약화하는 방법이라는 것을 말하고 싶었기 때문이다. 어떤 목적의 것이든 많은 사람의 감정에 호소하기 위해서는 극적 효과를 노리는 것이 첫걸음이다.

세상에는 인간적 자력이 강한 사람과 웅변가 등이 있기 때문에 전혀 환경과 극적 효과의 도움을 빌리지 않더라도 가능한 경우가 있다. 그러나 음악 효과와 감정적 호소, 손짓, 몸짓, 눈의 자력 등으로 사람들의 주의를 끌게 되면 사람은 몸을 앞으로 내밀고 상대의 박력에 빨려 들어가게 된다.

액운을 막는 부적, 행운의 상징물, 네 잎 클로버, 낡은 편자, 토끼 발 등 세상에는 행운의 상징물로 여기는 것들이 많이 있다. 이것들 자체에는 생명력이 없기 때문에 아무런 힘도 없다. 그렇지만 사람들이 이런 것에 힘이 있다고 믿는 순간 그것들에 생명력을 불어넣는 결과가 된다. 그 자체에 힘이 있는지 없는지는 문제가 아니다. 사람들이 믿음으로써 그것에 힘이 생겨난다. 믿음이 효과를 만들어 내는 것이다.

이것을 잘 말해주는 것이 알렉산더 대왕과 나폴레옹의 이야기이다. 페르시아 왕 고르디아스가 신전에 마차를 묶어 두었다. 그리고 이것을 푸는 사람은 아시아의 왕 자격을 부여하겠다는 신탁을 널리 전했다.

알렉산더는 이야기를 듣고 칼을 뽑아 단칼에 잘라버려 결국 위대한 권력과 높은 지위에 오를 수 있었다. 또한 나폴레옹은 어릴 적에 별처럼 생긴 사파이어를 받았는데, 거기에는 언젠가 그가 프랑스의 황제가 될 것이라는 예언이 붙어 있었다.

이렇듯 예언을 믿은 것이 두 명의 영웅을 위대한 지위에 올려 주었다고 한다. 그들은 초인적인 신념을 굳힌 덕분에 초인적인 인물이 될 수 있었다.

서양에서는 금이 가거나 깨진 거울은 재수가 없다고 여기는데, 사람들이 그것을 믿지 않는다면 절대로 악운의 원인이 될 수가 없다. 나쁘다는 신념을 유지하고 품어 마음속 깊이 뿌리를 내리게 되면 그 사람에게 악운을 가져다주게 된다. 희한하게도 잠재의식은 믿었던 것을 반드시 실현하는 힘을 가지고 있기 때문이다. 부적이나 상징물 등이 미신을 믿는 평범한 사람뿐만이 아니라 지적 능력이 높은 사람도 믿는 경우도 매우 많다.

모든 생명체에는
격려를

곡류, 채소, 꽃과 풀, 묘목 등을 정신력을 잘 활용해 식물의 성장을 촉진하는 이야기를 자주 들을 수 있다. 수년 전, 어느 스위스 정원사가 우리 집 정원의 오래된 나무를 뽑고 어린나무를 심는 것이 좋다고 하였다. 특별한 이유는 없었지만, 나는 그의 의견을 따르고 말았다. 그는 작은 묘목을 심고 뿌리에 흙을 덮어줄 때마다 무언가 주문처럼 중얼거렸다. 이상하게 여긴 내가 그에게 묻자, 그는 놀란 표정으로 나를 바라보며 이렇게 말했다.

"선생님은 잘 모르겠지만, 저는 이 나무에게 쑥쑥 자라 아름다운 꽃을 피우라고 말해 주었습니다. 제가 어릴 적에 모국 스위스에서 스승님에게 배운 방법이죠. '어떤 것이든 살아 있는 생명체에 대해서는 격려를 해주어야 한다.' 는 겁니다."

캐나다의 콜럼비아 지방 인디언은 넙치나 연어 낚시를 하러 가기 전에 낚싯줄과 바늘을 향해 무언가 주문을 건다. 그러지 않으면 물고기가 잘 물지 않는다는 속설이 있다.

태평양 남부의 섬사람들은 사용하는 도구를 마치 살아 있는 것처럼 고수레하며 도움이 되기를 기원하는 습관이 있다. 선진국에서도 배를 진수할 때나 어업 선단이 출항할 때는 성공을 기원하는 습관이 있다. 세계 어디에서나 큰 차이가 없는 것이다.

식물에도 인간과 마찬가지로 감각이 있다고 여기는 학자들이 있다. 많은 정원사는 일정한 달이 떴을 때 씨앗을 뿌린다. 미신이라고 여길 수도 있지만 실제로 많은 사람이 그렇게 하고 있다.

앞에서 말했던 예일 대학 연구원들의 이야기에 따르면 식물의 생명에는 전자장이 영향을 준다고 한다. 그렇다면 근거가 없는 이야기는 아닐 것이다.

특정 월령에 씨앗을 뿌린다는 이야기를 하자, 잘 나가는 사업가에게 교양이 있는 이웃의 나이 드신 분이 "나도 일정 월령 때 이발을 하도록 정해 두었다."라고 말했다. 보름달이 되었거나 그믐달일 때 이발소를 가느냐고 묻자, 그러는 편이 머리가 느리게 자란다고 대답하였다.

식물과 동물의 생명력에 대한 이런 이야기에 물질주의자는 격하게 이론을 제기할 것이다. 그러나 우리가 사는 세상의 극히 일부분밖에 알 수 없다. 우리가 전혀 느끼지 못하는 힘이 주변에서 수없이 작용하고 있다. 제2차 세계대전 후에도 새로운 원리가 얼마나 많이 발견되었는가?

의심할 여지 없이 인간의 상상력과 인간이 연상하는 미래의 이미지와 마음의 집중력이 잠재의식의 자력을 움직이게 하는 요인인 것이다. 마음의 이미지는 암시를 반복함으로써 또렷하게 연상된다.

예를 들어 당신이 지금 집을 원한다고 생각하고 있다고 하자. 그러면 제일 먼저 상상력이 작용한다. 처음에는 어떤 집이 좋을지 흐릿한 생각이 머릿속에 떠오른다.

가족들과 이야기를 나누고 건축가에게 문의하여 새집의 설계도 등을 보면서 마음속의 이미지는 점점 또렷해지면서 결국은 세세한 부분까지 집의 모습이 마음의 눈을 통해 보이게 된다.

그러면 이제 잠재의식이 활동을 시작하여 집을 실제로 당신의 품에 안겨주는 작용을 시작한다. 그것이 실현되는 방법은 여러 가지일 것이다. 당신이 직접 건축을 할수도 있고 구매를 할 수도 있다. 다른 사람의 행위 덕분에 손에 넣을지도 모른다. 집이 당신의 품에 들어가는 과정은 그리 중요하지 않다. 신념이 강하면 반드시 얻게 된다.

당신이 좋은 직장을 얻고자 할 때, 또는 여행을 가고 싶다고 생각할 때도 같은 과정을 통해 이루어진다. 당신 자신이 새로운 직업에 대한 이미지, 혹은 여행을 떠나는 모습을 그대로 마음의 눈을 통해 보게 된다면 현실로 이루어진다.

때로는 우리의 상상력 때문에 항상 걱정하던 일이 현실로 이루어지는 경우도 있다. 만약 그 두려움에 대한 그림을 잠시라도 의식을 하거나 잠재의식의 그림에서 완전히 초점을 돌리지 않고 당장에 털어버린다면, 두려워하던 불행은 실현되는 일 없이 무사히 피할 수 있다.

이미지를 떠올리지
않는 국민은 멸망한다

솔로몬 왕의 경고는 근본적으로 진리이다. 개인이나 집단이라도 달라지지 않는다. 마음속으로 성공을 꿈꾸는 영상이 없다면 많은 기대를 품을 수 없다. 만약 출세하고 싶다면 출세한 모습을 마음속으로 연상하고 그것을 자신의 잠재의식에 전달하면 바라던 대로 출세할 수 있다.

이 글을 쓰는 동안 내 마음속에는 과거 수년에 걸쳐 이 과학을 활용한 사람들의 온갖 체험이 떠오른다.

하루는 내 자동차의 점화장치 쪽이 고장나 여러 곳의 정비소를 돌며 보여주었다. 하지만 이상이 있는 곳을 전혀 찾지 못했다. 그러다 한 정비소 주인과 만나게 되었다. 나는 지금까지 과정과 자동차의 증상을 마치 병에 걸린 환자처럼 설명하자 그는 묵묵히 귀를 기울이며 이렇게 말했다.

"고칠 수 있습니다. 고칠 수 있다는 자신감만 있다면 어떻게든 해결합니다. …저는 그렇게 생각하지만, 이런 소릴 하면 머리가 좋은 사람들의 비웃음을 살지도 모릅니다."

"저는 그러지 않아요. 하지만 당신은 대체 어떻게 그렇게 자신할 수 있는 겁니까?"

"제 자랑을 하기 시작하면 종일 이야기해도 끝나지 않을 겁니다. 적어도 제 평생은 자신감이 넘치니까요."

"한두 가지라도 좋으니 들려주세요."

"그럼, 그러지요. 정확히 말하면 12년 전의 일입니다. 저는 실수로 넘어져 척추 골절상을 당했습니다. 오랫동안 깁스를 해야 했죠. 의사가 말하기를 평생 일어날 수 없을 거라고 했습니다. 실망한 나는 병실에 누워 자포자기를 하던 중 어머니께서 틈만 나면 제게 '인간은 믿기만 하면 된다.' 고 말버릇처럼 하셨던 말이 떠올랐습니다. 저는 설레었습니다. 희망이 보였습니다. 내 몸이 완쾌되어 자유로운 인간이 된 모습을 떠올리고, 믿고, 틀림없이 좋아질 것으로 생각했습니다. 그리고 그대로 실천했습니다. 그런데 정말 그렇게 됐습니다. 지금은 이렇게 차 밑에 들어가 일도 할 수 있게 되었습니다. 보시다시피 이렇게 건강합니다."

"재밌네요. 또 다른 이야기도 들려주세요."

"저는 이 방법을 사업이 잘되도록 응용하고 있습니다. 지금 이 정비소도 그렇게 해서 얻게 된 겁니다. 이전의 정비소는 몇 주 전에 화재로 전소되었습니다. 저는 새로 정비소를 차리는 것보다 다른 사람 밑에 들어가 월급쟁이 생활을 하는 게 현명한 것이 아닐지 생각해 보았습니다. 그런데 어느 날 밤, 무슨 일이 있어도 다시 제 정비소를 하겠다고 결심했습니다. 그 결심이 운명의 갈림길이었습니다. 잠이 들기 전에 나에게 다짐했습니다. '너는 이삼일 안에 틀림없이 좋은 장소를 발견할 거야. 너는 아직 운이 따르고 있어.' 라고요. 반드시 좋은 정비소가 손에 들어올 것이라 확신하며 잠이 들었습니다.

다음 날 아침, 불에 탄 차의 페인트칠을 부탁하러 도색 집에 갔습니다. 내 가게가 화재난 것을 알고 있는 주인에게 어디 좋은 가게 터가 있냐고 묻자, 주인은 '거 참 희한한 일이군. 이 가게를 빌려주겠소. 나는 옆 동네로 이사를 할 참이었소. 그곳 주인이 사업을 정리한다고 해서 이사할 생각이었소.' 라고 하지 뭡니까. 보시다시피 이곳은 번화가라 손이 모자랄 지경입니다."

우연일까,
이미지의 구현일까?

당신은 모든 것이 그저 '우연'이라고 여길지도 모른다. 그러나 내가 수집한 기록 중에는 이런 예가 매우 많다. 일부 사람들에게는 '우연'이라 해도 좋다. 이 과학을 터득한 사람에게는 이런 모든 사건이 생각의 집중과 마음의 눈을 통해 이미지를 그려낸 덕분에 발생한 사건이라는 것을 제대로 알고 있을 것이다.

그러나 이렇게 의견이 다른 것, 다시 말해 터무니없는 소리라는 생각과 모든 순서에서 가장 처음에 사고해야만 비로소 그것이 구체화할 수 있다는 사고방식 사이에는 큰 차이가 있는데, 이 둘 중 어느 것이 옳은 것인지에 대한 결론은 뒤에서 자세히 살펴보기로 하겠다. 그리고 여기서는 일단 파라켈수스가 말한 "정신적인 인식 능력이 없는 사람은 외부 세계에서 실제로 보이는 것 이외의 것을 인정할 능력이 없다."고 한 말을 일단 연상해 주기 바란다.

잠재의식은 스크린 위에 투사된 것들을 그대로 실현해주는 작용을 한다는 것은 틀림없는 사실이다. 그러나 만약 당신의 영사기와 원판이 상처투성이라면 영상이 흐리거나 때로는 화면이 전혀 나오지 않기도 한다. 의심, 공포, 역설 등은 모두 당신이 최선을 다해 투영하고자 하는 그림을 흐릿하게 만들어버린다.

The Magic of Believing

잠재된 힘을
끌어내자

위대한 예술가, 대문호, 발명가 등처럼 상상력이 발달한 사람들은 자기 마음대로 영상을 만들어 마음의 눈을 통해 이미지를 또렷하게 묘사할 수 있다. 그러나 뒤에서 다룰 과학을 이용하거나 이미 말한 많은 설명을 참고로 한다면 어떤 사람이라도 물질이나 사건, 혹은 자신이 이루어지기를 바라는 모든 것을 마음의 눈으로 또렷하게 묘사하는 것은 결코 어려운 일이 아니다.

내 지인 중에는 낚시 달인이 있는데 이 사람은 마음의 눈으로 그림을 그리는 기술을 효과적으로 사용하고 있다. 그는 두세 명의 친구와 함께 배에 앉아 송어를 줄줄이 낚아 올리지만, 친구들은 같은 미끼와

채비를 사용하여 똑같은 깊이에 낚싯줄을 내리지만 단 한 마리도 잡지 못했다. 하루는 그에게 그 이유를 묻자 이렇게 대답해 주었다.

"별거 아니야. 옛날부터 사소한 주문을 외운 덕분이지. 나는 공상이라고 해야 할지, 심리적이라고 해야 할지 모르지만 물속의 물고기들에게 미끼를 먹으라고 말한다네. 다시 말해 물고기가 바늘을 건드리는 걸 눈으로 보며 제대로 걸릴 거라고 믿는 거지. 그것 말고는 달리 설명한 방법이 없어."

이 이야기를 낚시가 서투른 친구들에게 해주자 비웃으며 이렇게 말했다.

"바보 같은 소리! 낚시를 잘하는 사람이라면 누구나 물의 흐름이나 바닥의 구멍, 물고기의 습성, 사용하는 미끼에 대해 잘 알기 때문에 물고기만 있다면 잡는 게 당연한 거야."

낚시를 잘하는 사람이 같은 장소에 낚싯줄을 내려도 주문을 외우는 남자만큼 잡지 못하는 것은 어떻게 설명해야 할까? 나는 낚시에 문외한이다. 그러나 이러한 운을 부르는 기술이 다른 일에서도 성공을 하므로 낚시에서 이용하지 못할 까닭이 없다고 생각한다. 전문 낚시인이며 많은 저서를 남긴 H.H 램프맨도 낚시꾼의 행운이나 주문 같은 것에는 어떤 심리적인 요인을 생각할 수 있다고 했다.

이제 골프에 대한 이야기를 해보자. 나도 꽤 오래 골프를 쳐왔고 많은 골프 클럽에도 가입되어 있다. 젊어서 테니스 선수였던 남자와 자주 함께 게임을 하는데 이 남자는 태평양 연안 골프장에서 놀랄만한 재능을 발휘하는 사람이다. 근거리 타에서는 타의 추종을 불허한다. 그의 5번과 9번 아이언은 공을 그린 위 원하는 곳에 떨어뜨리고 딱 멈추게 할 수 있었다. 그는 핀 가까이 안성맞춤인 곳에 항상 단 한 번의 퍼팅으로 공을 홀에 넣었다. 게다가 그의 퍼팅은 신기에 가까울 정도였다.

The Magic of Believing

골프에 필요한
마음속 이미지

내가 "자네는 어떻게 그런 요령을 터득했나?"라고 문자 그는 이렇게 대답했다.

"나는 그린을 향해 골프채를 휘두르기 전에 공이 떨어질 곳을 마음의 눈으로 그려보네. 퍼트할 때는 공이 홀 안으로 들어가는 모습을 실제 눈으로 보네. 물론 바른 자세와 골프채의 스윙도 중요하지만 이런 점에서 실수하지 않는 골퍼라도 결과가 좋을 거라고 단정할 수는 없어. 내가 연습을 많이 하는 것도 사실이야. 하지만 나만 연습을 하는 건 아니니까. 연습에 많은 시간을 할애하는 사람이 적지 않아. 내 비결은 스윙하기 전에 볼이 떨어질 곳을 확실하게 마음의 눈으로 보고 안다는 거야. 나는 할 수 있다는 자신감이 있다네."

1930년대에 나타난 희대의 아마추어 골퍼 T. 몬터규에 대하여 유명한 스포츠 기자 라이스가 다음과 같이 적고 있다.

'몬테규는 상대가 누구든 서 있는 사람 주위에 원을 그리고 그곳에 볼을 떨어뜨릴 수 있다. 그것에 페어웨이의 300야드 거리든 어디든 간에 결코 틀림이 없다. 공은 몬테규가 원하는 곳으로 날아간다.'

기사에 실린 몬테규 본인의 말을 인용해 보자.

'골프는 머리, 마음 또는 뇌, 뭐라고 해야 좋을지 모르겠지만, 이 부분을 사용합니다. 저는 공을 치기 전에 반드시 또렷하게 떠오르는 이미지를 마음속으로 연상합니다. 마음의 이미지가 근육의 반사를 조종합니다. 만약 마음의 이미지가 없다면 모든 것이 그저 어림짐작에 불과합니다. 이미지를 연상하는 것은 혹시라도 마음의 중압감을 느낄 때나 심한 집중력이 요구될 때입니다. 하지만 중압감이 없는 게임은 전혀 긴장감이 없다니까요.'

The Magic of Believing

마음속 그림의
불가사의한 흡인력

보기 드문 골퍼 G. 사라젠도 비슷한 방법을 사용하고 있다. 그가 쓴 『골프 수칙』을 읽으면 마음의 그림, 객관적 태도, 집중, 자신감 등을 강조하고 있다. 골퍼는 모두 멘탈 해저드(심리적 장해물)라는 말을 잘 알고 있다. 그것은 벙커, 트랩, 연못 등의 장해물이다. 이것들은 경기하는 사람들의 상상 속에서 두려운 장해물이 되어 마음속에 일종의 공포를 품게 한다.

내가 자주 가는 골프 코스에도 연못이 있다. 티 샷에서부터 홀까지의 거리는 120야드 정도로 그사이에 50피트 정도의 작은 연못이 있는데, 대부분의 사람은 4, 5번 아이언으로 쉽게 칠 수 있는 거리이다.

클럽 회원 중에 젊어서 야구와 럭비 선수를 했던 친구는 오랫동안

이 연못을 넘기지 못했다. 그의 아이언은 치는 족족 공을 연못에 빠뜨리고 말았다. 그럴 때마다 그는 화를 참지 못했고, 우리는 폭소를 금치 못했다. 몇 달이 지난 뒤, 그는 결국 3번 우드로 공을 그린 저 멀리 날려버렸다. 어느 날 나는 그에게 이렇게 말해 주었다.

"연못이 자네를 조롱하고 있는 거야. 이번에 칠 때는 티와 그린 사이에 연못이 있는 그림을 자네 마음속에서 지워버리게. 그 대신에 그곳에 널찍한 페어웨이가 있다고 상상하라고."

그가 그렇게 암시를 하고 공을 치자 공은 핀에서 2, 3인치 거리에 떨어졌다. 그런 뒤로는 연못은 염두에 두지 않고 내가 가르쳐준 암시방법 덕분에 힘들지 않게 칠 수 있게 되었다고 한다. 그러나 그와 함께 게임을 하는 사람 중에 누군가 시끄러운 사람이 있어 마음의 이미지를 그리는 정신집중을 방해할 때면 또다시 실수를 저지른다고 했다.

당구도 마음의 지배가 필요하다. 텍사스주 샌안토니오시에 공중에 던진 작은 나무토막을 22구경 소총으로 1,500발을 쏴서 단 한 발의 실수도 없는 백발백중 맞히는 남자가 있다는 이야기를 들었다. 틀림없이 마음의 이미지가 중요한 역할을 했을 것으로 생각한다.

스포츠의 모든 부분에서 이와 같은 '마술'이 행해지고 있다. 야구의 강타자나 축구에서 공격수의 절묘한 패스, 정확한 드롭킥 등은 모두 다 의식 혹은 무의식적으로 공과 낙하지점의 그림을 마음속으로 그리고 있다. 분명 연습과 타이밍과 그 밖의 기술도 중요하지만 심리적인 면 또한 절대로 배제할 수 없다.

이 책을 읽는 독자 중에는 골프나 당구 등에 흥미가 없는 사람이 많을 수도 있다. 그런 사람을 위해 마음의 그림과 영상을 그리는 것이 불가사의한 흡인력이 있고 실제로 작용한다는 것을 증명하는 간단한 실험이 있다.

우선 쉽게 던질 수 있는 작은 돌멩이 두세 개를 들고 지름 6인치에서 10인치 정도의 나무 기둥을 목표로 정하고, 그 목표에서 15에서 30피트 정도 떨어진 적당한 곳에 자리를 잡고 목표물을 향해 돌을 던져보라. 대부분 돌은 목표에서 훨씬 빗나간 곳으로 날아갈 것이다.

다시 그곳에 선 채로 목표를 조준하면서 반드시 맞추겠다고 스스로 다짐하며 마음속으로 나무 기둥에 이미지를 그린 다음, 돌이 나무를 향해 날아가는 모습을 상상해 보라. 아니면 자신이 생각한 곳에서 돌이 목표인 나무 기둥에 맞는 모습을 마음속으로 연상해 보는 것도 좋다. 그런 다음 돌을 던지면 돌이 목표물에 적중하게 될 것이다. 그런 생각을 하는 것이 성가시다고 여기지 말고 일단 한 번 해보기 바란다. 반드시 맞을 것이라고 장담할 수 있다. 오로지 믿기만 하면 된다.

같은 과학을 가정의 주방에서도 응용 가능하다. 요리를 잘하는 사람은 본인이 의식하든 하지 않든 상관없이 이와 똑같은 과학을 실제로 사용하고 있다. 단지 그것을 느끼고 있는지 아닌지의 차이뿐이다.

예를 들어 두 명의 부인이 같은 종류의 파이를 만드는 작업을 한다고 가정해 보자. 완전히 같은 재료에 같은 설명서를 보며 똑같이 작업한다. 그런데 한 사람은 실패하고 다른 한 사람은 최고의 요리를 만들어 내는 결과가 나온다. 이건 대체 무슨 이유에서일까?

첫째, 한 사람은 처음부터 두려운 마음을 품은 채 작업을 하였다. 지금까지 실패했던 것을 떠올리고 있었다. 이번에도 실패하는 것이 아닐지 불안해하고 있다. 이 때문에 먹음직스럽게 잘 구워진 바삭한 색깔이나 먹음직스럽게 부풀어 오른 파이의 모양을 마음속으로 떠올리지 못하는 것이다. 신경이 곤두서고 지쳐 자신도 모르게 엉망이 된 파이의 모습을 반영하는 것이다.

다른 한 사람은 자신이 만드는 것이 최고의 파이가 될 것이라고 확신하고 있다. 그러면 결과는 당연히 그대로 이루어진다. 이렇게 처음부터 마음속에 떠올린 이미지—그들의 확신—이 모든 것을 그렇게 만들어버린다.

만약 당신이 아주 평범한 실력에 요리도 그다지 좋아하지 않아도 자신을 위해 훌륭한 요리를 만들 수 있다. 그렇게 하기 위해서는 정말로 실력이 뛰어난 생각을 집중해야 한다. 왜냐하면 당신 내면에는 그럴 힘이 잠재되어 있기 때문에 만약 그 생각을 집중하고 신념에 의지한다면 숨겨진 재능이 당신을 도울 것이다. 그러므로 다음에 파이를 구울 때는 마음을 집중하여서 하면 될 것이다. 잘 구워진 파이 모습을 마음속으로 연상하기만 한다면 스스로 놀라 만한 파이가 완성될 것이다.

이와 똑같은 법칙은 어떤 상황이라도 응용할 수 있다. 예를 들어 낚시에서도, 재산을 늘리는 일에서도, 사업에 성공하기 위해서도 모두 적용할 수 있다.

5장

이미지를
연상하는 것

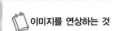 **이미지를 연상하는 것**

내가 투자 금융회사에서 일하고 있을 때, 한 영업사원이 상담하러 찾아왔다.
"저는 S 씨가 너무 무서운데 그 공포심을 털어버릴 어떤 좋은 방법이 없을까
요? S 씨와 대등한 입장에서 이야기할 수 있다면 영업을 하겠는데, 너무 무서
워서 찾아갈 엄두가 나지 않습니다. 다른 영업사원들도 저와 같은 소리를 합
니다."

내가 생각해낸
좋은 방법

　S 씨라는 사람은 대기업의 웅장한 사장실에 앉아 있는 억만장자였다. 근엄한 인물로 머리숱이 많고 눈썹이 굵어 마치 털 벌레가 기어다니는 것 같으며 화를 잘 내는 성품이 얼굴 근육에 잘 드러나 있었다. 마치 꾸중을 하는 듯한 말투 때문에 마음이 약한 사람은 쉽게 접근하기 어려웠다.

　그러나 편안하게 말을 거는 사람에게는 매우 친절한 사람이라는 것을 나는 알고 있었다. 영업사원들은 그 사람의 외모만 보고 무서워할 뿐이었다. 나는 잠시 생각을 하고 좋은 방법이 떠올라 그에게 말했다.

　"아무리 그 사람이라도 자네를 때리거나 물어뜯지는 않을 거야. 그 사람이 어느 해변에서 수영복을 입고 있는 모습을 상상해 보게. 비록 온몸이 털복숭이 일지는 모르지만 알몸이라면 아마 무섭게 느껴지지 않을 거야. 안 그런가?"

"아마 무섭다는 인상은 들지 않을 겁니다."

이 털복숭이 알몸의 모습에서 나는 한 가지 이미지를 떠올려 다시 말했다.

"서커스단의 곰이 우스꽝스럽게 춤을 추는 모습을 본 적이 있지? 손풍금 소리에 맞춰 춤을 추는 곰 말이야. 터키모자 같은 기묘한 걸 쓰고 말이지. 녀석들은 으르렁거리기는 하지만 이빨이 다 뽑혀 물 수가 없어."

"맞아요!"

"그럼 이야기는 끝났군. 그 털복숭이 사장이 귀여운 곰이라고 생각해 보게. 터키모자에 옷깃을 단 곰을 말이지. 자네 마음속에 있는 두려운 이미지는 모두 날아가 버리지 않나? 어떤가?"

영업사원은 마음속으로부터 크게 웃었다. 며칠 뒤, 그는 이 무서운 상대에게 2만 달러의 증권을 팔았다. 과연 어떤 식으로 상대를 대했을지, 그가 상대를 대응하는 모습은 지금 생각해도 즐거운 상상이다. 이 영업사원은 그 억만장자를 지금도 여전히 소중한 고객으로 삼고 있다.

몇 주 전에 이 영업사원이 내 사무실로 찾아와 똑같은 방법으로 다른 거래처를 뚫었다고 말해주었다. 이번에는 하얀 수염을 길러 까다로워 보이는 노인이었다. 사사건건 트집을 잡아 대부분의 영업사원을 벌벌 떨게 하였다. 그는 이렇게 말하였다.

"이 늙은 염소 영감님은 제게 오랫동안 힘겨운 상대였습니다. 돈이 많다는 것도 잘 알고 있었지만 가게 앞을 지날 때마다 저를 보며 인상을 찌푸리고 있는 겁니다. 일 년 내내 거의 인상을 찡그리고 있죠. 그 때문에 큰맘 먹고 들어가서 이야기를 걸어보고 싶지만 도저히 용기가 나지를 않았습니다. 그런데 며칠 전 문득 선생님께 배운 요령이 생각이 나서 산타클로스를 연상해 보면 어떨까 하는 생각이 떠올랐습니다. 저는 스스로 이렇게 다짐했습니다. '그래, 이 늙은 염소 영감님을 산타라고 생각하면 돼. 산타클로스는 아무도 무서워하지 않으니까.' 이게 제대로 먹혔습니다. 결국 이 영감님은 제게 좋은 고객이 되어 주셨습니다. 저 같은 사람이 그에게 가까이 갈 수 있었던 것이 너무 기뻤습니다. 5,000달러의 주문을 받았는데 저 보고 다음 주에도 와서 유가증권 리스트 조사를 도와달라고 했습니다. 이 상태라면 앞으로도 주문을 받을 수 있을 것 같습니다."

중요한 위치에 있는 사람은 왠지 거만한 태도 때문에 사람들이 가까이 가기를 두려워한다. 사무실 주변을 근엄한 분위기로 꾸미고 비서나 직원들의 시중을 받으며 방문자에게 위압감을 주기 때문이다.

마음속 이미지를
바꾸는 요령

그러나 이런 사람들 또한 인간이기 때문에 마찬가지로 공포심과 약점 같은 결함을 가지고 있다. 자신의 집으로 돌아가면 대부분은 선하고 성격 좋은 사람일 뿐이다. 그렇다면 거들먹거리고 근엄하게 꾸민 모습에 신경을 쓰지 말고 인간다운 모습을 생각하며 그것을 자신의 머릿속에 연상하면 된다.

그러면 마음속에 응어리졌던 장해물은 단숨에 사라지고 만다. 정말로 비범한 사람은 방문자에게 거리를 두지 않아 대부분은 가까이하기 쉽다. 만약 당신이 영업사원이라면 누군가 거들먹거리는 사람을 방문할 경우 이렇게 생각한다면 마음속의 장해물을 제거할 수 있을 것이다.

한 변호사가 이와 비슷한 체험에 대하여 이야기해 주었다.

"어느 날 유명한 로펌의 변호사이며 젊은이들이 두려워하는 대가와 법정에서 논쟁한 적이 있었습니다. 한동안 법정에 앉아 있다 보니 두려움을 참을 수 없었습니다. 따라서 잠시 눈을 감고 스스로 다짐했습니다. '나도 그와 마찬가지야. 그보다 훌륭한 부분도 있지. 그냥 아무것도 아니라고 생각하고 맞서면 돼. 잘 될 거야.' 이렇게 몇 초 동안 마음속으로 되뇌었습니다. 그리고 눈을 떠보니 그런 사람 둘이 한꺼번에 덤벼도 상관없다는 자신감이 솟아났습니다. 어떤 힘든 사건이나 배심원들이 전혀 꿈쩍도 하지 않을 것 같을 때는 항상 이 방법을 씁니다. 그저 단순한 우연이라고 생각할지도 모르지만, 매번 성공하니 참 희한한 일입니다."

불가사의한
체험

완고해 보이고 멋대로 행동하는 사람들도 대부분 마음속 깊은 곳에 남들과 똑같은 약점을 가지고 있다. 따라서 방문자는 마음속에 스스로 만들어낸 방해물만 제거한다면 모든 것은 쉽게 풀릴 것이다. 다음에 상대를 방문할 때는 두세 번 심호흡을 한 뒤 그 정도의 상대는 정복할 수 있다고 스스로 확신을 가져라. 그러면 저절로 성공하게 된다.

1930년대 경제 불황 시기에 큰 식료품 체인 사업의 각 부분 책임자와 차장들이 육류 담당자 등과 함께 나를 찾아와 상담한 적이 있다. 6주 동안의 강연을 들은 뒤 강연 내용을 실제로 응용해 보기로 했다. 각 부문의 점장마다 강연에서 들은 기술을 일주일 중 하루 동안 실제로 사용하여 각각의 부서에서 선별한 상품을 판매해 보기로 하였다. 모두가 머리를 맞대고 논의한 끝에 선별된 상품은 치즈, 고기, 연어, 흔한 오이 종류 등이었다. 시골 마을 체인의 지배인은 거래처 농가와 사이가 좋아 오이를 대량으로 매입할 수 있었다.

판매 전날 각 부분의 주임은 점원들을 한곳에 모아 손님이 들어와서 고른 상품을 사고 싶어 하는 모습을 마음속에 연상하는 방법을 꼼꼼하게 교육했다. 물론 각 상품은 눈에 잘 띄고 화려하게 진열한 뒤, 점원은 손님이 가게 안으로 들어올 때마다 손님이 고른 상품을 사도록 마음속으로 주문을 외우듯 권하라고 가르치고 모든 준비가 끝났다.

The Magic of Believing

마음먹은 대로 이루어지는 신기함

그날의 판매 실적은 놀랄만한 것이었다. 치즈 판매대는 하루 만에 과거 6개월 동안의 매상을 뛰어넘는 판매량을 올렸다. 또한 토요일에만 항상 덩어리 고기를 파는 관례가 있는 전문점에서는 오전 중에 다 팔려버렸고, 덩어리 고기가 없는 금요일에 연어를 파는 판매대는 시내의 동종 가게의 매상 총액보다 많은 판매고를 올렸다. 오이 판매점은 그 날 안에 2번 더 농가에 추가 주문을 하였다.

전쟁에 나가 숨진 강습생 단 한명만 빼고 남은 다른 사람들은 모두 점주가 되어 각자의 길에서 출세하였다. 그중에 한 명은 세 개의 체인점을 운영하였고, 또 한 사람은 이웃 주의 체인점 지배인이 되었다.

과거 나는 지금 여기서 다루고 있는 테마를 안내장으로 만들기 위해 원고를 인쇄소에 넘긴 적이 있었다. 그런데 다음 날 아침 인쇄소 사장은 숨을 헐떡거리며 사무실로 뛰어 들어왔다. 무슨 일이 생긴 건지 걱정스럽게 물어보자, 그는 주저하며 이렇게 대답했다.

"이상한 일이 벌어졌습니다. 어젯밤에 원고를 대략 읽어보고 혼자서 이렇게 중얼거렸죠. '여기 적혀 있는 게 사실이라면, 내가 이 사람 사무실에 찾아갔을 때 내 차를 세울 장소쯤은 비어 있을 게 분명해. 주차 때문에 힘든 일은 없을 거라는 생각을 반복해 보자.' 그리고 그 생각은 공장을 나와 자동차로 이 사무실에 오기 전까지는 까맣게 잊고 있었습니다. 그런데 여기에 도착하고 문득 떠오른 것은 그런 일이 실제로 벌어질까 하는 것이었습니다. 그리고 길모퉁이를 돌아 주변을 살펴 보니 아니나 다를까 주차장에 댈 곳이 없었습니다. 역시 터무니없는 소리였다고 생각하고 머릿속에서 말끔히 생각을 지워버리려 했습니다. 그런데 앞서가던 사람을 피해 서행을 하다 보니 마침 이 빌딩 정면 길가에 주차했던 차가 나가는 것이 보이는 게 아닙니까. 저곳에 내 차를 주차할 수 있겠어. 저는 왠지 온몸에 소름이 돋았습니다. 이건 분명 안내장에서 말했던 바로 그 상황이라고 생각한 겁니다."

"그럴지도 모르죠. 다시 한번 확인해 보세요." 나는 이렇게 대답해 주었다.

그는 몇 번이고 실험을 해보았고, 몇 년 동안 똑같은 결과를 얻었다고 한다. 이것을 우연의 일치라고 여기는 것은 당신의 자유다. 그러나

이 인쇄소 사장은 결코 우연의 일치라고 생각하지 않았다. 덕분에 그의 매출은 그 후 3배나 올랐다고 한다. 게다가 그 당시에 다른 경쟁업체들은 주문이 없어 고생하던 시대였으니 더운 신기한 일이다.

나는 이 인쇄소 사장의 체험을 이따금 사람들에게 이야기한다. 그리고 다른 사람 중에서도 이 인쇄소 사장과 똑같은 결과를 얻은 사람이 많다는 이야기를 듣고 나 또한 신기하게 여겨질 따름이다. 한 종교 대학의 여학생은 여동생과 함께 장을 보러 갈 때는 항상 자신들이 가고자 하는 장소 근처에 주차할 곳이 있다고 굳게 믿으며 외출을 한다. 그러면 항상 주차할 곳이 있다고 한다.

어느 대형 병원의 영양사로 일하며 교사를 겸하고 있는 여성이 내게 이런 말을 해주었다.

"이 힘이라고 해야 할지 뭐라고 불러야 할지 모르겠지만, 정말 놀라울 뿐입니다. 한 예로, 염원만 한다면 항상 제가 원하는 현상이 이루어집니다. 출근을 할 때, 빌딩가에 접어들면 신호가 항상 청색으로 바뀌기 때문에 한 번도 서지 않고 지나갈 수 있습니다. 빨간 신호였던 적이 단 한 번도 없습니다. 지금은 완전히 익숙해져서 그게 당연한 일이라고 생각합니다."

또 한 가지 내 주장을 뒷받침해줄 사례가 있다.

주주들로부터 100달러 이상의 투자금을 맡은 정유회사에 관한 일이다. 이 회사는 소송과 판매 실수로 인해 경영난에 빠져 뿌리부터 구조 조정을 하지 않으면 안 되었는데, 주주들에게 무배당 조건으로 새 주식의 양도를 부탁하였다. 그리고 회사 정유기의 모든 뚜껑에서 나오는 단 한 방울의 기름이 소중한 것처럼 그 투자금이 전부 수입이 될 수 있다는 신념을 마음속에 또렷하게 연상해 줄 것을 모든 주주들에게 당부했다. 바로 해내겠다는 마음자세, 이심전심이 통했는지 이 회사의 소재지는 기초가 튼튼한 수많은 일류 기업들이 격전을 벌이고 있는 한복판임에도 불구하고 이윽고 회사 수익은 증가하였고, 결국 다른 회사를 매수하여 합병했을 때는 주주들에게 지급한 배당금은 물론이고 비싼 값에 주식을 팔 수 있게 되었다.

우승 요령을 알고 있으며 스포츠팬들에게 유명한 매니저 J. 글리버는 권투 선수에게 항상 선수 스스로 우승자가 된 모습을 마음속에 연상하는 기술을 가르쳤다. 그 결과 대부분의 선수가 우승하였다.

이런 심리 현상에 익숙하지 않은 일부 사람들은 이런 이야기를 진심으로 받아들일지 않을지도 모른다. 그것은 나도 잘 알고 있다. 그러나 이런 일에 조금이라도 연관이 있는 사람들은 그 진위에 대하여 일말의 의심도 품지 않는다. 그리고 내가 아는 한 이 책을 읽는 독자 중에서도 이보다 더 신비한 체험을 많이 한 사람들도 있을 것이다.

The Magic of Believing

잠재의식과
두 가지 사건

영국의 심층 심리연구가로 유명한 A. N 티렐은 이렇게 말했다.

"만약 우리가 잠재의식에 의지하고 그 작용에 의해 무언가를 이루고자 염원하고 시작한다면, 우리의 잠재의식은 서로 연관된 몇몇 상황을 발생시켜 결국 그 목적을 달성하게 한다."

또한 오랫동안 시카고 대학에서 학생들을 가르치고 있는 S. 매슈즈 박사는 이렇게 말했다.

"우리는 강한 바람을 가짐으로써 모든 것을 좌우할 수 있다. 희망의 성취는 심리적인 확증으로 나타난다."

이 사실을 단적으로 증명해 주는 두 가지 사건이 있다.

한 대형 골동품 가게 여주인은 뛰어난 감정 실력을 갖추고 있어 부인들로부터 이리저리 불려 다니기 일쑤였지만, 사교계에 나서는 것은 매우 싫어했다. 그런데 한 부인이 그녀를 점심과 차를 마시자며 끈질기게 불러냈다.

사실 식사를 권하는 여성의 진심은 여주인과 함께 어울리는 모습을 세상 사람들에게 보여주고 싶다는 허영심 때문으로, 여주인은 상대의 그런 마음을 알았기 때문에 처음부터 초대에 응할 생각이 없었다. 그런데 가끔 저명인이 강연을 하는 한 부인 모임에, 이 여성이 끈질기게 함께 가기를 청하여 여주인은 거절하지 못하고 결국 마지못해 허락하고 말았다. 그녀는 내게 이렇게 설명해 주었다.

"그녀는 제 빈틈을 파고 들어왔습니다. 저는 승낙을 하자마자 약속한 것을 매우 후회했습니다. 저는 그런 고상한 모임을 매우 싫어했고, 이번 모임도 분명히 꼴불견일 거로 생각했습니다. 뭐라고 해야 좋을까요, 저는 밤이 되자 식은땀을 날 정도였습니다. 왜 그런 약속을 해버렸을까…. 어떻게 하면 그 부인의 기분을 상하지 않게 하면서 모임에 가지 않을 수 있을까…. 그녀는 단골손님이고 만약 약속을 어기면 나중에 어떤 흉을 볼지 알 수 없었습니다.

저는 어떻게 하는 게 좋을지 골똘히 생각했습니다. 온종일 아무리 생각해봐도 좋은 방법이 떠오르지 않았습니다. 저는 너무나 당황스러웠습니다. 그녀와는 도무지 성격이 맞지 않았습니다. 그녀에게는 미안한 말이지만 정말이지 따분한 분이거든요. 그런데 약속 날이 오고 말았습니다. 저는 전화를 걸어 부득이한 사정 때문에 강연회에 함께 갈 수 없다고 거절하기로 막 결심을 했을 때였습니다. 때마침 그녀가 가게로 저를 찾아왔습니다.

이런저런 핑계를 대며 강연회가 중지되었다는 것이었습니다. 제가 얼마나 안심을 했는지 아십니까? 저는 선생님이 주장하시는 내용을 진심으로 믿습니다. 제 염원이 그 사건과 어떤 관계가 있다고 생각할 수밖에 없었습니다. 사람들은 우연의 일치라고 하겠죠. 그런 사람들에게 이런 말을 해주고 싶네요. 세상에는 이보다 더 불가사의한 일이 많다고요. 그 모든 일이 다 우연의 일치라고는 할 수 없겠죠?"

또 한 가지 흥미로운 것이 있다. 이 이야기의 주인공은 가을철 벌초 시기에 미국 전역에서 골머리를 앓게 하는 알레르기성 비염치료제를 판매하는 제약회사의 지배인이다. 그는 최근 한 도시로 전근하여 회사 근처에 집을 얻었다. 전쟁 직후라 전화를 개통하기 위해서는 순서를 기다려야 했다. 신청자 대기표에는 많은 사람의 이름이 즐비했고 특정한 몇몇 사람만이 특별히 설치가 가능했다. 예를 들자면 의사, 경찰, 고급 관리 그 밖에 공공을 위해 긴급을 요하는 직업을 가진 사람들이 우선 대상이었다.

그 때문에 제약회사 지배인은 온갖 연줄을 동원하고 2달 동안 유력 인물을 쫓아다녔지만 모든 것이 허사였다. 그는 내가 전화회사의 고위 간부와 친분이 있다는 말을 듣고 소개를 받아 면담을 요청해 왔다. 나는 그의 안이한 생각을 꾸짖으며 아무리 나라도 고위 간부를 설득하여 먼저 신청한 수천 명보다 앞서 그에게 전화를 놓게 해줄 힘은 없다고 설명해 주었다. 그러나 만약 어떤 이유에서, 특히 그에게 우선권이 있다는 것을 증명할 수만 있다면 이야기는 다르다고 말해주었다.

도대체 누구를 만나 부탁을 했냐고 묻자, 그는 전화회사의 위에서 아래까지 온갖 지위의 수많은 사람의 이름을 줄줄이 댔다. 그리고 전화가 없으면 절대 제약회사 업무가 불가능하다고 하소연했다. 사무실을 닫은 뒤 한밤중에 업무를 보는 사람은 자기 혼자뿐이라며 한숨을 내쉬었다.

그래서 나는 이렇게 물었다.

"장거리 전화도 걸려옵니까? 그리고 전화로 이루어지는 거래 금액이 한 달에 어느 정도 되나요?"

그러자 그는 상당히 큰 월간 거래 내역 숫자를 알려주었다.

"그렇다면 과거 몇 달 동안의 거래명세서를 가지고 당신이 처음 만난 사람을 찾아가 다시 한번 부탁해 보십시오. 그리고 당장 전화가 필요하다고 부탁하세요. 단, 당신이 상대를 완벽하게 설득할 수 있다는 자신이 있기 전까지는 가지 않는 것이 낫습니다. 아니면 실패할 수 있습니다. 당신은 무조건 당신 집에 전화를 놓을 것이라고 마음속으로 결심하십시오. 신념으로 굳어질 때까지 계속 염원하세요."

"그렇게 해보겠습니다. 아니, 꼭 하겠습니다. 반드시 전화를 놓고야 말겠습니다."

이렇게 말하고 돌아간 그는 며칠 뒤 다시 나를 찾아왔다.

"선생님, 확실히 성공했습니다. 꼭 말해두지 않으면 안 될 것 같아 찾아왔습니다. 제 마음속에 굳은 신념이 생기자 신기한 일들이 줄줄이 꼬리를 물고 일어났습니다. 처음 만났던 사람을 다시 찾아가니 또 왔구나 하는 표정을 지었습니다. 이번에는 반드시 전화가 필요한 사정을 선생님이 지시한 대로 거래명세서를 보여주며 설명했습니다. 그러자 조금은 이해하는 것 같았습니다. 그는 일단 제 사정을 담당자에게 설명해 보겠다고 말하고 막 전화기를 들려는 순간 때마침 담당자로부터 다른 용무 때문에 전화가 걸려왔습니다. 그는 담당자에게 저의 곤란한 상황을 설명하였고, 담당자는 바로 제 우선권을 인정해 주었습니다. 그리고 우선권 담당자 P를 만나보라고 하였습니다. 우선권에 대해서는 저도 잘 모르고 있었고 P라는 사람도 초면이었습니다. 그런데 P를 만나 사정을 설명하고 우리 회사의 사업과 제품에 대해 상세히 설명을 해주자, 놀랍게도 그는 알레르기 비염으로 고생을 하며 온갖 약을 먹어 보았지만 효과가 없었다고 했습니다. 그 말을 들은 저는 깜짝 놀라 의자에서 넘어질 뻔했습니다. 그리고 나머지 일들은 모두 일사천리로 되었습니다. 마치 귀신에 홀린 듯한 느낌이었습니다. 대체 담당자가 어떻게 저와 이야기를 하는 사람에게 때맞춰 전화를 걸어올 수 있었을

까요? 게다가 우선권을 결정하는 마지막 책임자가 비염 환자라니….

제가 편하게 이야기를 할 수 있었던 것은 공통분모 때문입니다. '간절히 원하면 이루지 못할 것이 없다' 는 선생님이 말한 신념의 과학을 무시하는 사람이 있다면 전부 다 저한테 보내주십시오."

상상력의
장난

우리의 생각이 겉모습, 표정, 말하는 것 등을 결정한다는 것은 두말 하면 잔소리다. 겉모습은 평소의 생각이 겉으로 드러나는 것이다. 대부분의 여성은 아름다운 생각을 끊임없이 마음속으로 품고, 아름답게 치장하고, 항상 아름다운 것을 주변에 둔다. 단아한 몸동작으로 자신이 남들보다 아름답다고 끝없이 생각한다면, 언제나 아름다움의 환희로 가득하고 그로 인해 자신의 모습을 더욱 아름답게 한다.

영화에서도 추잡한 옷만을 입던 여성이 눈부시고 화려하게 치장을 하고 생기 넘치는 화장을 하면 순식간에 매력적인 여성으로 변한다. 누구라도 그렇게 될 수 있다. 그러나 이러한 기교를 더욱 빠른 방법으로 할 수 있다. 당신이 생각하는 이상적이고 새로운 모습을 마음속으로 품고 단 한 순간이라도 그 생각이 마음속을 떠나지 않게 유지하기만 하면 된다.

치과에 가는 것을 무서워하는 사람이 많은 것 같다. 치과를 두려워하는 것은 실제로 치료를 받을 때의 통증 때문이 아니다. 그보다는 치료를 받으며 고통을 견뎌야 한다는 걱정이 환자에게는 더 큰 고통거리다. 이런 상황에서도 우리의 사고가 피하고 싶어 하는 것을 오히려 실현하고 있다는 것을 알 수 있다.

피츠버그시에 있는 한 치과의사는 소아 전문의로 치료실 옆에 아이들의 놀이터를 만들어 장난감, 모래 상자, 나무 쌓기 등 그 밖에도 많은 놀이기구를 갖추고 있다. 이곳에서 아이들은 놀이에 빠져 이를 치료해야 한다는 것을 까맣게 잊도록 만드는 것이다. 그리고 의자에 앉으면 이빨에 대한 말은 전혀 하지 않고 다른 이야기를 아이에게 들려줘 주의를 분산시킨다. 전기 드릴 케이블에는 버튼스위치가 달려 있고, 아이들은 마음대로 이 스위치를 조작할 수 있게 되어 있다. 의사는 치료를 시작하기 전에 혹시라도 아프면 당장에 스위치를 꺼도 된다고 아이들을 안심시킨다. 이 의사는 매우 요령이 좋은 사람이다.

어린아이들에게 평판이 좋은 이발소는 전면 거울 앞에 아이들이 좋아하는 그림책을 많이 비치해 둔다. 아이들이 이발 의자에 앉으면 곧바로 그림책 한 권을 건네준다. 이발을 시작하기 전에 아이의 마음은 그림책에 뺏기게 되는 것이다. 이 이발사는 이런 말을 해주었다.

"때로는 이 방법이 안 통할 경우가 있습니다. 아직 그림책에 흥미를 느끼지 못하는 어린아이들이죠. 그때는 기계식 장난감으로 스위치를 누르면 끽끽, 딸각딸각 소리가 나는 것을 건네줍니다. 여하튼 아이가 머리를 깎는다는 것을 까맣게 잊게 하면 되는 거죠. 그렇게만 된다면 전혀 문제가 없습니다."

상상을 하거나 마음속으로 이미지를 연상하는 것은 종종 신기한 현상을 일으키곤 한다. 원래 공포심이란 상상력이 풍부하기 때문에 일어나는 것이다. 멀리 여행을 떠나 아내나 부모에게 갑자기 전보나 장거리 전화를 걸면 받는 입장에서는 전보를 펴보거나 전화를 받기도 전에 무슨 나쁜 소식이 아닐지 걱정되어 심장이 두근거리며 명치가 쑤시는 통증을 느끼고는 한다. 그 연락이 좋은 소식이라는 것을 알고 그제야 가슴을 쓸어내린다. 그렇지 않다면 한동안 가슴 통증은 진정되지 않는다.

제2차 세계대전 중 M. 웨스트라는 여성이 잡지에 기고하였다. 그녀는 남태평양 방향에서 배를 타고 미국으로 돌아가는 길이었는데, 선실에 들어가 보니 17명의 여성으로 꽉 차 있었다. 등화관제로 인해 배 앞쪽 창문이 닫혀 있어 선실 안은 숨이 막힐 지경이었다. 배의 출항은 다음 날 아침이었기 때문에 모두 침대에 눕고 선실을 깜깜하게 하면 창문을 열어도 좋다는 허락이 떨어졌다. 웨스트가 일어나 창문을 열자 그제서야 겨우 잘 수 있다고 기뻐하며 모두 깊은 잠에 빠져들었다. 그녀는 이렇게 적고 있지만, 다음 날 아침에 눈을 떠보니 그녀가 열었던 문은 이중 창문의 안쪽으로 바깥쪽 창문은 닫혀 있어 빛은 물론 공기도 차단된 상태였다.

상상력이 장난을 치는 과학적인 수많은 예를 제시하면 다음과 같다. 우표를 환자의 몸에 붙이고 우표가 효과 빠른 연고라고 생각하게 하면, 우표 뒷면에 고름이 묻어난다. 개에게 먹이를 주기 전에 항상 벨을 울려 부르는 습관을 들이면, 개는 벨 소리가 나면 음식을 연상하게 되고 개의 위장은 벨 소리를 듣는 것만으로도 위액이 분비된다는 과학적 증거도 있다. 레스토랑에 들어가 옆 테이블에 먹음직스러운 요리가 나오는 것을 보면 당장 입안에 침이 고인다.

양파 껍질을 벗길 때 눈물을 흘리는 사람이 많은데, 다른 사람이 멀리서 양파 껍질을 까고 있고 방안에 전혀 냄새가 나지 않아도 몇 미터 떨어진 곳에서 그 모습을 바라보고 있는 것만으로도 많은 사람이 눈물을 흘리기도 한다.

The Magic of Believing

상상력의
올바른 사용방법

나는 몇 번이고 태평양을 항해하였다. 폭풍우를 만나 배가 아무리 흔들리더라도 뱃멀미를 하는 적이 없었지만, 단 한 번 예외가 있다. 그것은 심하게 뱃멀미를 하는 승객을 돌봐주고 있을 때였다.

처음 배로 여행을 할 때부터 지금까지 멀미하는 사람에게 시선을 빼앗기지 않도록 노력하고 있었다. 남이 멀미를 하는 것을 보게 되면 그것이 암시되어 자신도 멀미하게 되어 뱃전 난간으로 뛰는 충동이 싫어 멀미하는 사람을 보지 않으려고 한다.

만약 우리가 갑작스러운 충격을 받아 상상력을 발동시키면 그로 인해 피부는 차가워지고 진땀을 흘리며 한기를 느끼게 된다. 의사로부터 어떤 선고를 받으면 그로 인한 충격이 감정에 이입되고 상상력이 발동하면서 끔찍한 결과를 초래하는 경우도 있다.

레몬을 입에 대고 빨아먹는 당신 친구의 모습을 상상하면서 휘파람을 불어보라. 보기만 해도 휘파람은 불 수 없다. 사고의 힘으로 입의 근육이 자연스럽게 오그라들어 휘파람을 불 수 없게 되는 것이다.

내가 강연 중에 자주 하는 방법으로 상상력이 얼마나 강력한 것인가를 증명하기 위해 서로 다른 색의 액체가 들어 있는 두 개의 작은 병을 청중들 앞에 보여주고, 모두를 향해 하나는 라일락 향수 또 하나는 장미 오일이 들어 있는데 이것으로 여러분의 감각 능력을 조사해 보겠다고 설명한다.

그런 다음 등을 돌리고 한쪽 병에 든 액체를 허공에 뿌린다. 그리고 청중들에게 지금 뿌린 것이 어느 병에 든 것인지를 맞춰보라고 한다. 어떤 사람들은 라일락이라고 주장하고, 또 어떤 사람들은 장미 오일이라고 대답한다. 물론 양쪽 다 상상만으로 터무니없는 판단을 내린 것이다. 실제로는 두 병 다 전혀 냄새가 나지 않는 물에 물감을 푼 것이라고 말하면 사람들은 황당해한다. 두 병 모두 처음부터 향기는 없었다. 무색무취의 물이기 때문이다.

한 점에
집중하라

발명가, 예술가, 과학자, 건축가, 기업가 등은 모두 상상력을 활용해서 작업한다. 이로 미루어 볼 때 상상이 얼마나 큰 힘을 가졌는지 알 수 있다. 셰익스피어는 이렇게 말했다.

"도덕을 익혀라. 만약 당신에게 그것이 없다면."

이 위대한 진리의 의미를 깊이 생각해 봐야 한다. 도덕을 익히는 것은 우리의 상상력을 통해 몸에 배게 하는 것이다.

우리가 희망하는 인물이 되고자 한다면 자신이 미래에 그런 사람이 되었을 때의 모습을 연상하고 그 이미지를 지속해서 품고 있다면 언젠가 실제로 그 인물이 될 수 있다. 내가 주장하는 바람의 달성 또한 마찬가지이다.

그러나 여기서 우리는 단순한 백일몽과 진정한 이미지, 혹은 상상력 사이에서 올바른 사용방법을 구분할 필요가 있다. 가령 당신이 빈손으로 10만 달러를 손에 넣고 싶다거나, 혹은 호화 저택을 공짜로 얻고 싶다는 생각을 하고 있다고 하자. 이런 백일몽을 연상하거나 어렴풋이 그렇게 되고 싶다고 생각하는 것만으로는 아무런 효과가 없다. 10만 달러나 저택을 손에 넣기 위해서는 단지 그것만으로는 육체의 잠재력을 활동시킬 수가 없다.

상상력 다음으로
올바른 행동이 필요

우선 상상력을 올바르게 작용하게 하여 당신이 일하는 모습을 마음속에 떠올리고 끊임없이 그것을 응시하면서 진취적으로 그 일을 진행하지 않는다면 목적한 것을 손에 넣을 수 없다. 당신이 마음속에 연상했던 것을 실행에 옮겨야 비로소 그것을 실현할 수 있다.

어린 시절 돋보기를 사용하여 놀던 때를 생각해 보자. 초점을 잘 맞춰 태양 광선을 한곳에 집중하면 그곳에 집중된 태양열로 대상물에 구멍을 뚫을 수 있다. 열의 힘이 세지면서 대상물이 타고 구멍이 날 때까지 손을 움직이지 않고 정지상태를 유지해야 한다. 상상하고 있는 목적물, 마음속의 이미지 또한 마찬가지로 그것을 흔들림 없이 계속 유지해야 한다.

프랑스 의사 E. 쿠에 박사는 암시를 바탕으로 한 상상력은 의지의 힘보다 강하다고 한다.

"암시와 의지가 서로 싸울 때는 항상 상상이 이긴다. 예를 들어 고급 권련 담배만 피우는 습관이 있는 사람이 그 버릇을 고치려고 결심한다. 입을 꾹 다물고 턱을 내민 채 자기 의지의 힘으로 나쁜 습관을 고치겠다고 굳게 다짐한다. 하지만 당장에 향기로운 권련 냄새가 머릿속을 맴돌며 부드럽고 그리운 향기가 코를 간질이며 사라지지 않는다. 상상력이 작용하여 의지의 힘을 압도해 버리는 것이다."

음주 습관도 이와 비슷하다. 프랑스의 철학자 C. 푸리에는 과거 이런 말을 했다.

"미래의 세계는 인류의 두뇌에 의해 성장할 것이다. 인류를 움직이는 욕망과 정서를 원동력으로 하여 그것의 지배를 받고 지도를 받아 세계가 완성될 것이다."

현실은 이 예언대로 진행되고 있다. 그러나 마음의 힘을 통해 세계의 모습을 만들고 이것을 지배하는 인류의 작업은 아직 걸음마 단계에 지나지 않는다.

따라서 우리가 인생에서 정말로 욕구하는 것이 무엇인지가 문제가 된다. 세상에는 위대한 욕구를 가진 사람은 극소수에 불과하다. 사람 대부분은 자신이 처해 있는 작은 한 구석이나 부분만으로 만족하며 살고 있다. 인생에 있어서 우리의 지위는 운명의 신이 특별히 준비해 놓은 것을 고맙게 받아들이기만 할 뿐 결코 그곳에서 벗어날 수 있을 만큼 성장하려 하지 않는다.

정신도 육체도 그런 향상 노력을 하려 하지 않는다. 땅 위의 새를 쏘는 정도의 노력으로 나무에 앉아 있는 새를 쏘는 것이다. 더군다나 같은 거리의 새라도 고작해야 눈높이 정도에 앉아 있는 새인데도 잡으려 하지 않는다. 대부분은 어렴풋하고 희망적인 사고방식에 그칠 뿐 무엇 하나 실행하지 못한 채 삶이 끝나버리고 만다. 희망적인 생각만으로는 효과가 없다. 원동력이 부족하기 때문이다.

진정으로 구체적인 무언가를 추구하는 사람도 적지 않다. 그런 사람은 배후에 감춰진 욕구의 자극을 받아 위대한 잠재력이 꿈틀거린다. 이런 사람에게 목적지에 이르는 길은 점점 눈앞에 가까워진다. 잠재의식의 힘을 이용하는 사람의 앞길에 장해물은 없다. 잠재의식은 그 사람의 욕구에 자력을 더해 주어 욕구하는 목적물을 전광석화처럼 잠재의식으로 송출한다.

사고와 상상력을 끊임없이 집중하면 우리가 원하는 것을 자신의 곁으로 끌어올 수 있다. 단순한 말장난이 아니다. 누구라도 스스로 터득할 수 있다면 증명할 수 있다. 그 효과가 자력 에너지인지 전기 에너지인지는 확실하지 않다. 인류는 아직 그것을 확실히 밝히지 못했지만, 사고의 힘에 끌어당기는 힘이 있다는 것은 확실하고 그 현상은 일상생활에서 끊임없이 볼 수 있다.

사고하는 마음 주변은 전자장과도 같은 것이다. 우리는 전기의 실체가 무엇인지 여전히 알지 못한다. 에너지를 분출시키는 온갖 도구를 이용하여 발전하는 물리적 방법만을 겨우 알고 있을 뿐이다. 스위치를 켜거나 꺼서 전기가 흐르고 있다는 것을 알 뿐이다.

보통 사람들은 오랫동안 정신을 집중시키는 것이 어렵고 마음속에 그런 이미지가 지워지지 않도록 끊임없이 유지하는 것도 쉬운 일이 아니다. 당신도 자신의 과거를 회상해 보라. 사념, 고찰, 공상 등은 놀랄 만큼 빠르고 끊임없이 마음속을 오가며 계속해서 동요하는 것이다.

우리는 듣고, 읽고, 보며 끊임없이 흔들린다. 그 때문에 몸속 창조력에는 모든 것이 하나로 섞여 구분되지 않은 채 혼재돼 있으며 욕구하는 대상의 또렷한 이미지를 미래를 향하여 마음속에 계속 품는 것은 매우 어려운 일이다.

그러므로 잠재의식 깊숙이 파고들어가기 위해서는 생각을 한 점에 집중하는 합리적인 기술을 배울 필요가 있다.

잠재의식에
의지하라

나는 수많은 기업가와 은행가들의 사무실을 방문한 적이 있다. 그것은 신념의 과학을 아직 모르던 시절이었는데, 이러한 대기업에 걸려 있는 그림, 사진, 표어, 조각상 등을 보고 깊은 인상을 받았다. 어떤 사무실에서는 역사적인 은행가의 사진이나 나폴레옹 흉상을 보기도 했다. 또 어떤 회사에서는 작은 예수상, 마이아상, 불상도 있었다. 사무실 벽에 '우리는 언제 어디서나 불가능을 가능케 한다', '남이 할 수 있다면 우리도 할 수 있다', '당장 실행하라', '먼저 시작하라, 남이 시기키를 기다리지 마라' 등의 표어가 붙어 있었다.

실업계의 나폴레옹이라 불리던 F. W 울워스의 사무실은 마치 나폴레옹의 방을 옮겨놓은 것 같았다. 당신은 이런 것들이 과연 어떤 의미가 있는지 깊이 생각한 본적이 있는가?

뭔가 특별한 것이 없어 보이지만, 이런 방에 앉아 있는 사람에게는 선조들과 같은 위업을 이룰 수 있다는 마음을 품게 하고, 그것이 암시되어 선조들의 모습을 마음속에 연상하고 깊이 각인시키기 위해서이다. 좌우명이나 표어는 방을 둘러볼 때마다 눈에 들어온다. 책상에 앉아 있을 때마다 나폴레옹이 자신을 보고 있다고 느낀다. 아니면 작은 제단에서는 뭔지 모를 전기의 흐름을 몸으로 느낀다.

바꿔 말하자면, 이것은 사장들이 선조의 모습을 볼 때마다 자신도 저렇게 되고 싶다는 상상력을 비약하거나, 혹은 스스로 생각을 정리하고 분발하는 모습을 마음속으로 연상하기 위한 하나의 과학인 것이다. 다시 말해 잠재의식 속으로 파고들어 가는 일련의 암시 역할을 하는 것이다. 의사들의 방에는(설령 암시의 위대한 힘을 믿지 않는 의사라고 할지라도) 의학계의 위인이나 저명한 의과대학의 교수 등의 사진이 걸려 있는 것을 자주 볼 수 있다. 과연 이 의사들은 그 사진 속에 잠재된 있는 힘을 어떻게 생각하고 있을까?

잠재의식에 각인된 것은 분명하게 활동을 일으킨다. 마음속에 연상한 모습 그대로를 현실의 세계에서 실현되도록 작용을 할 때까지 마음속 깊은 곳에서 활력을 키우고 있다. 따라서 우리는 하나의 암시에 집중하고 그것을 끊임없이 반복하여 결국 그것을 신념으로까지 끌어올릴 필요가 있다.

발명가 T. A 에디슨도 암시를 반복하여 신념으로 굳히는 것이 중요하다고 여기며 발명을 할 때마다 항상 활용하였다. 그가 죽은 뒤 책상 서랍을 열어보니 『구약성서』의 '요나는 큰 물고기에게 먹혔지만 무사히 돌아왔다.' 라고 구절이 적힌 종이가 나왔다. 에디슨은 이 구절을 수없이 읽으며 실패에도 좌절하지 않고 새로운 용기로 실험에 임했을 것이다.

나는 이 욕구와 암시를 채소나 화초의 씨앗에 비유해 생각해 본 적이 있다. 땅을 갈고 작은 씨앗을 뿌린다. 시간이 흐르면 뿌리를 내리고 싹이 나온다. 싹이 흙을 뚫고 태양 빛과 습기를 찾아 뻗어갈 때는 작은 돌멩이와 나뭇조각 등을 밀어내고 나온다. 이것들을 밀어내지 못하면 그 주변을 맴돌며 뻗어간다. 흙 밖으로 나가겠다는 굳은 신념으로 불타고 있다.

그렇게 성장하여 채소나, 꽃이나, 열매가 된다. 외부의 간접적인 힘이 가로막지 않는다면 목적을 달성해 낸다. 우리는 대자연의 심오한 신비를 알지 못하지만, 일단 씨앗이 땅에 묻히고 어둠 속에서 성장하고 온 힘을 다해서 아름답거나 유용한 식물로 성장한다. 정성을 다해 돌봐주면 더욱 훌륭하게 성장한다. 게다가 순종이든 잡종이든 간에 완성되는 것은 언제나 그 종에 속하는 것이며, 전혀 다른 것으로 성장하지 않는다.

성과는 그 씨앗에 상응한다

당신이 잠재의식에 부여한 암시도 이와 마찬가지다. 단순하든 복잡하든 간에 성과는 항상 그 씨앗에 상응하며 또한 당신이 어떻게 관리하는가에 따라 성장 방향도 달라진다. 제대로 된 씨앗을 심어야 한다. 순수하게 하나만을 염원하고 항상 같은 목적을 향해 끊임없이 적극적인 사고를 품고 키워야 한다. 그러면 자연스럽게 강력한 힘을 품고 뻗어 나가 어떤 장해물도 극복할 수 있게 된다. 뿌리를 뻗어 충분한 영양분을 섭취하고 자라나 사방으로 가지를 펼쳐 햇빛을 듬뿍 받고 잎사귀가 무성해진다.

인간은 욕구가 있기 때문에 세상은 발전할 수 있다. 욕구가 없었다면 우리는 원시적인 생활을 계속하고 있을 것이다. 문명 세계는 모두 욕구의 결정체에 의해 탄생한 것이다. 실제로 우리의 생명에 힘을 더해주고 활동하게 하는 원동력은 욕구이다.

욕구는 인류의 모든 행위의 원동력이다. 욕구가 없이 진보는 없다. 욕구가 강할수록 그 욕구를 충족시키는 속도는 빨라진다. 교육을 받지 못한 육체노동자와 세련된 신사의 차이, 사원과 중역의 차이, 실패와 성공의 차이와 같은 양극단의 차이가 생기는 것은 욕구의 차이 때문이다. 당신은 일단 욕구를 품어야 한다. 그리고 당신 마음의 눈으로 그려낸 욕구가 어떤 것이든 반드시 손에 들어오는 불가사의한 현상이야말로 신념의 마술이라는 것을 한시라도 잊어서는 안 된다.

그런 다음 내가 말하는 기술을 터득한다면 당신의 잠재의식이라는 하나의 스크린 위에 자신의 욕구를 선명하게 초점을 맞춰 비출 수 있다. 그것을 방해하는 생각, 두려움, 의심이 끼어들 여지가 없도록 하는 것이며 당신의 잠재의식에 온갖 잡념이 파고들지 못하게 하는 기술을 배워야 한다.

The Magic of Believing

카드를 쓰는
기술

이제 이 기술에 대한 이야기를 시작하자. 우선 서너 장의 카드를 준비한다. 명함 크기의 종이면 충분하다. 사무실이나 집, 당신의 방이든 어디든 상관이 없다. 아무도 없는 곳에 혼자 앉아서 제일 원하는 것을 자신에게 자문해 보라.

만약 대답을 찾고, 그것이 틀림없이 당신이 가장 바라는 욕구라는 것이 확실해졌다면 카드 한 장에 그것을 한마디로 표현할 수 있는 단어나 문장으로 적는다. 한두 마디로 표현하는 것이 좋다. 취직, 전직, 돈 벌기, 새집 등 어떤 것이든 상관이 없다.

그런 다음 서너 장의 카드에 처음에 적었던 것과 똑같은 문장을 적는다. 그중 한 장을 당신의 가계부나 지갑 등에 넣고, 또 한 장은 침대

곁에, 나머지 한 장은 면도하는 거울이나 화장대 거울 등에 붙인다. 마지막 한 장은 책상 위에 핀으로 꽂아 둔다. 짜투리 시간이라도 상관없다. 이렇게 하고 나서 온종일 끊임없이 마음속으로 그 모습을 연상하여 이미지를 깊이 각인시키는 것이다.

잠을 잘 때나 아침에 일어났을 때, 다시 말해 24시간 중 가장 소중한 시간을 빌어서 최선을 다하고 한 곳에 집중하기 위해서이다. 그러나 그것만으로는 부족하다. 지금 말하는 방법 이외에도 여러 가지 연구를 하여 자신이 추구하는 것을 또렷한 그림으로 마음속에 선명하게 떠 올릴수록 목적이 빨리 실현된다.

처음에는 그 효과가 어떤 식으로 드러나는지 모르겠지만 걱정할 필요가 없다. 그다음은 모두 잠재의식의 힘에 맡기면 된다. 그러면 잠재의식은 스스로 활동하기 시작하여 생각지도 못했던 때와 장소에서 그 효과를 드러내기 위해 문을 두드리고 길을 열어줄 것이다. 뜻밖의 곳에서 도움의 손길이 뻗어오거나 때로는 자신의 계획대로 모든 것이 순조롭게 진행되기 위해서는 어떻게 하면 좋을지에 대한 착상, 전혀 예기치 못했던 때에 자연스럽게 머릿속에 떠오르게 된다.

예를 들어 오랫동안 연락이 없었던 사람과 우연히 만나고 전혀 만난 적이 없는 사람을 찾아가고 싶어지거나 문득 편지를 보내고 싶어지고, 아니면 전화를 걸어보고 싶은 생각이 든다. 그럴 때는 그저 생각나는 대로 하면 된다. 그리고 침대 밑에 항상 종이를 준비하였다가 머릿속에 떠오른 생각이 아침에 일어났을 때 잊지 않도록 적어둔다. 이미 성공한 사람 중에는 밤에 문득 기막힌 생각이 떠오르면 잊지 않기 위해 적어두는 습관이 있는 사람이 많다.

The Magic of Believing

염원을 마음속에
각인시키자

내가 이 과학을 깨닫기 전, 어느 회사의 고위 간부를 알게 되었다. 그 사람은 아침에 출근하여 책상 앞에 앉으면 주머니에서 떠오른 생각을 적어둔 종이를 꺼내 살펴보는 습관이 있다. 그리고 1, 2분 안에 회사 업무를 본격적으로 시작한다. 메모지에는 온갖 광고 매체에 대한 비판, 판매 방침, 구매 내용, 판매 구조 개혁안 등의 것들이 적혀 있다. 메모지에는 사업을 훌륭하게 진전시키는 데 소중한 안건뿐이다.

이 책을 쓰면서 과거에 내가 한 회사의 부사장 시절 회사의 역경을 이겨내기 위해 이 기술을 활용했던 당시의 일이 떠올랐다. 나는 우선 모든 종업원을 반원형으로 앉게 하고 마주 앉았다. 그리고 이야기를 시작하기 전에 모두에게 종이와 연필을 준비하도록 하였다. 아마도 종업원들은 내가 하는 이야기를 받아 적으려고 생각한 것 같다. 그러나 모두에게 "평상 시에 여러분이 가장 소망하는 것이 뭐든 좋으니 종이에 적어보시오."라고 하자, 모두가 놀란 표정을 지었다. 나는 다시 "그 종이에 소망하는 것을 적으면 반드시 이룰 방법을 가르쳐 주겠다."고 말하자 몇몇 젊은 직원은 비웃으며 무시하는 것 같았다. 하지만 나이 든 사람들은 나의 진지한 표정을 보고 자신이 평소에 생각했던 소망을 적기 시작했다. 나는 젊은이들에게 간단히 "만약 여러분이 이 회사를 퇴직하기 싫다면 내가 시키는 대로 하게. 회사 경영이 어려워지게 되면 우리 모두 직업을 잃고 거리로 나서야 할 테니까."라고 말하자 모두 내 지시에 따랐다.

이 모임이 끝나고 한 젊은 사원이 나를 찾아와 용서를 빌었다. "아니, 괜찮네."라고 하고 꾸짖지 않았다. 그는 내게 이렇게 말했다.

"처음에는 약간 이상하다고 생각했습니다. 만약 자동차를 원하면 자동차라고 쓰기만 하면 자동차가 생길 거라는 게 말도 안 되는 소리라고 생각했습니다. 하지만 전체적인 설명을 듣고 나니 저도 충분히 이치에 맞는 말이라는 생각이 들었습니다."

카드는 모든 것을
실현시켜준다

몇 년 뒤, 그 남자는 우리 집으로 찾아와 보여주고 싶은 게 있다며 나를 밖으로 데리고 나갔다. 밖에는 고급스러운 자태를 뽐내는 새 차가 주차되어 있었다.

그렇게 몇 년 동안 처음 모임에 출석했던 사람들에게 그날 종이에 쓴 것이 실제로 손에 들어왔는지 물어보았다. 거의 예외 없이 모두 원하는 것을 달성하였다.

한 사람은 외국 아내를 얻고 싶다고 적었는데, 바라는 대로 외국 아내를 얻어 사내아이 둘을 낳았다. 또 한 사람은 꽤 큰 금액의 돈을 갖고 싶다고 적었는데, 이 꿈도 이루었다. 다른 한 사람은 해안가에 별장을 갖고 싶다고 적었고, 또 한 사람은 아름다운 집을 짓고 싶다는 희망을 적었다. 당시의 사원들은 모두 바람을 이룬 것은 물론이고 해마다 확실한 수입도 늘고 출세 가도를 달리고 있다. 경쟁 업체에서는 이 모습을 보고 놀란 표정을 지을 뿐이었다.

여기서 특히 강조하고 싶은 것은 자신이 카드에 적은 글씨가 어떤 의미를 가지는지 남들에게 알려서는 안 된다는 것이다. 남들이 어렴풋이 눈치를 채서도 안 된다. 남이 알면 힘들게 노력하더라도 전혀 효과가 없기 때문이다. 이 기술에 대해서 좀 더 깊이 이해를 하면 알게 되겠지만, 타인의 질투를 받으면 마음속에 또 다른 사고의 파장이 일어나 처음 염원했던 파장에 자신도 모르게 브레이크가 걸릴 수도 있다.

왜냐하면 만약 자신이 욕망하고 있는 것을 세상 사람에게 알리면 조금씩 정신력이 분산되어 하나의 생각에 집중하기 어려워지기 때문이다. 다시 말해 여기서 말하는 주의사항을 지키지 않는다면 잠재의식과의 밀접한 연결이 끊어지고 마는 것이다. 만약 그렇게 되면 처음부터 다시 시작해야 하는 위험이 있다.

"남들에게 자신이 욕구하고 있는 것을 발설하지 마라."

이것이 이 기술의 중요한 요령 중의 하나이다.

찬송가를 부르고, 기도하고, 주문을 외우는 등 이와 비슷한 모든 것은 잠재의식에 작용하는 암시의 힘을 강하게 하는 데 도움이 된다.

잠재의식을
굳혀라

따라서 이 방법으로 자신이 욕구하는 것을 말로 나타내는 간단한 단어나 문구를 조용히 또는 소리 높여 반복하다 보면 자연스럽게 잠재의식을 굳히는 것이 된다. 어떤 형식으로 해도 상관은 없다. 중요한 것은 자신의 마음속에 스스로 암시를 해야 비로소 효과가 나타난다.

잠재의식은 매우 감수성이 예민하여 사실이든 거짓이든, 진취적이든 패배적이든 간에 당신이 말하는 것은 무엇이든 그대로 받아들여 마음속 깊은 곳에 각인시킨다. 일단 잠재의식 속에 뿌리를 내리면 모든 능력과 모든 정력을 다해 그대로 세상에 드러나도록 작용하기 시작하여 결국 그것을 인생의 현실, 사회의 사건으로 만들어버린다. 자기 생각과 바람을 실현하기 위해 잠재의식에 전송하고자 할 때는 가능한 한

간결한 말로 표현하는 것이 좋다. 예를 들어 현재 불행한 삶을 살고 있다면 간단하게 '나는 행복하다.' 라는 적극적인 표현만으로 충분하다. 여기서 카드는 필요 없다. 그저 자기 자신에게 20번이고 30번이고 그 말을 되풀이 하기만 하면 된다.

'나는 강하다.', '나는 행복하다.', '나는 친절하다.', '모든 것이 다 좋다.' 처럼.

이렇게 간단하고 건설적인 말을 반복하다 보면 어느샌가 마음가짐이 바뀌어 좋은 방향으로 향할 수 있게 된다. 그러나 그 효과가 오래 가기 위해서는 자신이 욕구하고 있는 것이 현실적으로 이루어질 때까지 끊임없이 이런 적극적인 말을 되풀이할 필요가 있다.

확실한 업무 목표가 있는 사람, 분명한 욕구를 마음속에 이미지로 그려낼 수 있는 사람, 혹은 이상을 항상 눈앞에 명확하게 품고 있는 사람일수록 자주 반복하는 사이에 자신의 바람이 잠재의식 속에 깊이 뿌리를 내리기 때문에 잠재력이 작용하여 원하는 한 가지 일에 모든 능력을 쏟아부어, 결국 최소의 시간과 육체적 노력만으로도 목적을 달성할 수 있는 것이다. 그러므로 온종일 쉬지 않고 한 가지 것만을 계속 생각하는 것이 바람직하다. 그러면 한 걸음씩 당신의 염원은 실현에 다가갈 수 있다. 재능과 힘 전부가 이 하나를 향하고 있기 때문에 마치 꽃봉오리가 개화를 거부할 수 없듯이 저절로 실현될 수밖에 없는 것이다.

스스로에게
다짐하라

예를 들어 지금보다 나은 직장으로 전직하고 싶다거나 승진을 하고 싶다고 바란다면 카드만 사용하지 말고 스스로 "반드시 그 직장과 지위를 얻을 수 있다."고 끊임없이 다짐하라. 이 기술을 몸에 익히면 자신의 염원을 되뇌는 사이에 어느샌가 그것을 달성한 모습이 마음속에 영상으로 각인되게 된다. 자신이 염원하는 것을 끝없이 되뇌는 것은 암시를 잠재의식의 깊은 곳에 각인시키는 방법이다.

이것은 마치 못을 박는 것과 마찬가지이다. 망치로 처음 못을 때릴 때는 그 못을 나무의 적당한 곳에 세우는 작업이다. 그리고 계속해서 몇 번이고 강하게 때려야 못대가리까지 깊숙이 박을 수 있다. 잠재의식도 마찬가지로 강한 명령을 받은 것만을 받아들이고 그것을 실현해 준다.

모든 것은 반복에 의해 큰 힘이 되는 것이다. 그 좋은 예로 고대 그리스의 레슬링 선수 밀로와 소 이야기다. 밀로는 갓 태어난 송아지를 매일 들어 올리는 습관이 있었다. 이윽고 송아지는 황소로 성장했고, 밀로 또한 어느샌가 황소를 들어 올릴 만큼의 장사가 되었다고 한다.

이것을 다른 형식의 예로 설명해 보자. 두 개의 것은 동시에 같은 공간을 차지할 수 없다. 예를 들어 1kg의 쌀과 1kg의 보리를 동시에 하나의 똑같은 1kg을 자루에 넣을 수는 없다. 이 자루와 마찬가지로 당신의 마음도 하나의 정해진 그릇이라고 생각할 수 있다. 당신의 마음속이 만약 적극적인 생각이나 창조적인 생각으로 가득 차 있고 동시에 마음속에 소극적인 생각을 의심하려 해도 그것은 불가능한 일이다.

적극적인 생각을
몰아내지 마라

또한 당신의 마음은 문이 하나인 방과 같은 것으로 그 문을 여는 열쇠는 단 하나이고, 당신이 그것을 가지고 있다고 생각할 수 있다. 그 문을 열고 무얼 가지고 들어갈지를 결정하는 것은 당신만의 권한이다. 그 방이 적극적인 생각으로 가득 차 있든 소극적인 하찮은 생각으로 차 있든 그것을 존재하게 하는 것은 바로 당신이다. 잠재의식은 이렇게 마음속에 들어온 것을 더욱 강한 힘에 굴복하여 반응을 일으키는 것이다.

당신 마음을 맑은 물로 가득 채운 물탱크에 비교할 수 있다. 물탱크에 무언가를 넣고자 하면 그 물건의 용적만큼 물이 넘쳐흐를 수밖에 없다. 따라서 만약 소극적인 생각과 부정적인 의심과 공포심이 의지 속으로 파고들어 오면 강력하고 적극적으로 창조적이지 않은 생각은 마음에서 밖으로 흘러나가 결국 적극적인 작용을 하는 활동력을 잃게 되는 것이다.

그 때문에 잠재의식 속에 불리한 생각이 파고드는 것을 용납하지 않는다면 보고 듣고 체험한 것 때문에 피해를 볼 걱정은 없다. 바꿔 말하면 마음속에는 항상 적극적인 사고방식으로 채워놓을 수 있는 것이다. 그래야 비로소 외부로부터 침입하려 하는 소극적이고 파괴적인 사고방식을 몰아낼 수 있다.

철학자는 예로부터 행복해지고 싶다면 바쁘게 일하거나, 무언가 빠져들 수 있는 일이 제일 좋다고 가르쳤다. 왜냐하면 무언가 하나의 일에 열중하여 그 일에 생각이 집중하면 잡념이 마음의 빈틈을 파고들어 갈 여지가 없기 때문이다.

그러므로 의사는 사업가 등의 바쁜 사람들에게 갖은 우환과 근심에서 벗어나 기분전환을 할 수 있는 어떤 취미나 오락을 즐기라고 권한다. 아니면 여행이나 이사를 하여 새로운 환경과 새로운 친구를 만나 기분전환을 하라고 권한다. 그러면 병의 원인인 바람직하지 않은 사고방식에 휘둘리거나 나쁜 상상을 할 기회가 사라지기 때문에 빠른 회복이 가능하다고 한다.

과거에 얽매여
살지 말 것

제2차 세계대전 당시 미군이 북프랑스에 상륙했을 때, 한 노부부는 소중한 외아들을 잃었다. 이 부인은 아들이 전사했다는 소식을 듣고 수개월 동안 아들의 방을 참전 당시 그대로 두었다. 일요일이 되면 부부는 이리저리 가구를 재배치하거나 아들을 그리워하며 유품을 매만지며 몇 시간이고 보냈다. 이렇게 언제까지나 죽은 아들 생각만 하고 그리워하던 두 사람은 결국 비탄 속에 세상을 등질 수밖에 없었다. 사랑하는 아들을 잃고 힘든 생활을 보낸 것은 이해가 된다. 하지만 이미 지나간 일은 과거일 뿐이다. 어제 일은 깨끗이 잊고 내일을 살아야 한다는 것을 이 이야기는 잘 가르쳐주고 있다. 우리는 오늘을 사는 것이지 어제를 사는 것이 아니다.

The Magic of Believing

사람을 대하는
마음가짐

지금까지의 설명을 통해 우리는 갖가지 사정과 경우, 물질적인 대상에 이르기까지 마음가짐에 따라 어떤 식으로든 생활 속에 반영할 수 있다는 것을 확실히 알 수 있었다. 평소 마음속에 소중하게 품고 있는 염원을 실현할 수 있을지는 오로지 당신 혼자의 힘에 달려 있다.

가령 집을 원하고 있다고 하자. 우선 그 집의 그림을 마음속으로 연상하고 그것을 적극적인 말로 표현해야 한다. 뭐든 떠오르는 대로 표현하면 된다.

"새집을 내 걸로 만들겠어. 저 새집을 내 걸로 만들겠어."

이런 정도로 충분하다. 그러면 언젠가 그 집이 당신의 것이 되도록 저절로 길이 열리게 된다.

만약 당신이 영업사원이고 어떻게 해서든 실적을 올리고 싶다면, 앞에서 말했던 카드를 사용해서 가능한 한 자주 '무슨 일이 있어도 실적을 올리겠다.'고 스스로에게 강하고 반복적으로 다짐해야 한다.

황당한 소리처럼 들리겠지만 기대했던 것은 대부분 실현된다. 반드시 실적을 올릴 수 있다고 기대하며 무슨 일이 있어도 해내고야 말겠다는 신념을 가진다면 우리의 모든 행위는 그대로 이루어진다.

한 보험회사 사원은 이 기술을 터득한 덕분에 1년이 채 되지 않아 200%나 실적을 늘린 사람이 있다. 이 사람은 내게 이렇게 말해주었다.

"사장님이 제게 C 씨를 만나 계약을 따오기 전에는 회사로 돌아올 생각을 하지 말라고 명령했습니다. 이 사람은 마치 호두처럼 단단한 사람이라 보통의 사람을 대하듯이 해서는 절대로 계약을 따낼 수 없습니다. 이 업계에서는 대단히 완고하고 고집불통이라는 평판이 자자해 어떤 영업사원이 가더라도 면회 사절이라는 말만 들을 뿐이었습니다. 그러니 보험회사 영업사원은 더군다나 만나줄 리가 없죠. 부동산 등의 상당한 재산이 있는 사람이라 화재보험이나 손해보험에 무조건 들어 놓아야 당연하다는 것이 제 생각이었습니다. 저는 회사 계단을 내려와 거리를 가로질러 그의 사무실에 도착할 때까지 제 스스로 다짐했습니다. '너는 그 사람에게서 계약을 따낼 수 있다. 계약하는 거야. 그 노인은 좋은 사람이다. 남들이 뭐라고 하든 훌륭한 사람이야. 분명히 반갑게 맞아줄 거야. 내 이야기를 들어줄 거야.' 이렇게 수백 번쯤 되뇌었을 겁니다. 그런데 의외로 정말 친절하게 대해 주면서 25,500달러의 계약을 해 주셨습니다. 우리 회사에서 그 노인과 계약을 한 것은 제가 처음이었습니다."

이 보험회사 사원은 오랜전에 회사를 그만두고 자신의 사업을 시작하여 시골에 많은 땅을 보유하고 있다. 지금은 지역에서 꽤 유명한 사람이 되었다. 불과 얼마 전에 만났을 때에도 "덕분에 평생 먹고 살 걱정이 없습니다."라고 말해주었다.

The Magic of Believing

잠재의식에
의지하여 생활

78살이 된 어떤 사람이 있다. 60살 정도로밖에 보이지 않는 이 사람은 내 심리기술을 열심히 신봉하며 혼자의 힘으로 막대한 재산을 축적하였다. 지금은 돈을 벌기 보다는 심리연구에 몰두하며 잠재의식을 활용하는 실험으로 바쁜 나날을 보내고 있다. 그는 이렇게 말해주었다.

"저는 잠재의식에 무언가를 말할 때는 마치 다른 누군가에게 명령하는 식으로 합니다. 그리고 정말 바라는 대로 이루어질지 전혀 의심을 하지 않습니다. 예를 들어 위가 아플 때는 '좋아져라.' 고 말하기만 하면 말한 대로 됩니다. 어떤 병이 든 똑같습니다. 만약 아침 5시에 모닝콜 없이 일어나고 싶다면 잠재의식에 깨워달라고 한마디 부탁하기만 하면 됩니다. 지금까지 단 한 번도 제 바람을 들어주지 않은 적이 없습니다. 저는 이전부터 이런 생각을 했는데, 사람들은 잠재의식을 통해 60살이 되면 늙었다고 믿습니다. 그러나 저는 결코 받아 들일 수 없습니다. 저는 지금도 50살 정도로 젊음을 유지하고 있습니다. 이대로 몇 년 동안 계속 유지할 생각입니다."

이 이야기를 보더라도 당신의 잠재의식에 나이를 먹어서 늙는 거라는 사고방식을 각인시키지 않는 것이 좋다. 또한 인간은 나이를 먹으면 늙는다는 단정적인 사고방식을 잠재의식에 주입하지 않는다면 지금 모습 그대로 흔히 말하는 천수를 누렸다는 나이보다 훨씬 장수할 수 있다. 그럴 가능성은 충분하다.

반복의
효과

반복은 진보에 필요한 일종의 리듬과 같은 것으로 우주의 음악이라고도 할 수 있다. 기차는 '칙칙폭폭' 소리를 내며 무거운 객차와 화물차를 멀리까지 끌고 가고, 자동차 엔진을 움직이는 것도 반복적인 폭음이다. 비행기, 로켓, 유도탄 등도 마찬가지다. 또한 발전소 터빈식 날개는 끊임없이 물을 박차고 돌기 때문에 발전할 수 있다. 못을 박을 때도 쾅쾅 소리를 반복하고, 눈앞에 있는 모든 것을 쓰러뜨리는 기관총도 탕탕 소리를 반복한다. 이러한 반복에 의해 끊임없이 강력한 힘이 발생하여 모든 장해를 제거하고 모든 저항을 제거한다.

자신을 믿고 타인을 믿게 하는 것은 반복적으로 이루어지는 자기 암시와 외부 세계로 향하는 암시의 힘이다. 의식적으로 반복하는 소리가 자신의 잠재의식에 이미지를 각인시키거나, 혹은 타인의 잠재의식에 깊이 파고드는 힘이 되는 것이다.

　제2차 세계대전이 일어나기 전, 파리의 한 유명한 연구소에서는 축음기를 이용한 암시 방법을 가르쳤다. 이 또한 반복하고 또 반복하여 같은 레코드판을 돌리는 방법이다.

　암시를 이용한 반복적인 소리를 들은 사람은 일단 자신이 원하는 레코드판을 미리 고르게 하고 자신에게 건강 해져라, 이 난관을 이겨 낼 수 있다, 나는 행복하다 등 이런 이야기를 반복해서 들려주는 방법을 쓴다.

　예로부터 어머니는 아기들이 자는 동안에 이야기를 해주며 모두 건강하게 자라라, 모범생이 되라, 훌륭한 사람이 되라 등의 온갖 암시를 심어준다. 자는 동안의 일이기 때문에 이것은 분명히 아이의 잠재의식에 강력한 암시를 심어주는 역할을 했을 것이다.

생각의 집중으로
위대한 과업을

많은 사람은 어둡고 소극적인 사고방식을 하는 타인의 생각에 현혹되기 때문에 자기 생각과 신념에 혼란을 겪거나 좌절한다. 그런 이유로 실패한 영업사원은 셀 수 없이 많다.

예를 들어 구매자가 이런저런 이유로 구매를 하지 않겠다고 하면, 그 말을 듣고 그것을 암시로 자신의 마음속에 깊이 받아들인다. 그런 부정적인 상대의 사고를 반복해서 듣고, 그것이 오래 지속하면 꽤 견고한 신념을 가진 사람일지라도 흔들리게 되어 마음속에 소극적인 사고방식이 자라기 시작한다. 그렇게 되면 자신이 욕구하는 것에 생각을 집중하고 적극적으로 자기 생각을 강하게 주장하며 대항하지 않는 한 언젠가 패배를 하게 될 것이다. 개중에는 이런 작은 부정적인 사고방식을 가진 상대의 힘에 대항하기 위해 초인적인 노력과 강한 의지의 힘으로 투쟁하고자 노력하는 사람도 있다. 그러나 상대의 암시에 걸리지 않게 방어하는 힘은 그런 노력과 의지보다는 오히려 자신의 마음가짐에 달려 있다는 것을 대부분 사람은 깨닫지 못한다.

하지만 그것을 깨닫거나 깨닫지 못하는 것과 상관없이 우리는 모두 암시의 노예가 되어 마치 최면에 걸린 상태로 살아가는 경우가 많다. 예를 들어 일정한 형식의 복장을 하고 일정한 유행을 좇는 것은 그런 복장과 유행을 따라하는 것이 옳다는 식으로 끊임없이 주변으로부터 암시를 받아 그렇게 믿고 마는 것이다.

주택도 교회도 사원도, 사무실도 자동차와 버스와 전철도 몇 년 동안 줄곧 같은 모델이 이어지고 있다. 자세히 살펴보면 인류의 모든 활동에 있어서 우리 주변은 대중적인 최면에 걸려 움직인다고 할 수 있다. 익숙함이 습관이 되버린 현상이다.

오랫동안 관찰을 통해 내가 말하는 과학기술을 의식적으로 사용하는 사람(또한 의식하지 않고 사용하는 사람도)은 왕성한 활력을 가진 사람으로 마치 발동기와 같은 사람이라고 할 수 있다. 그들은 상상력을 활용해 강한 신념을 품고 있는 것은 물론이고 행동에서도 실력형 활동가라 할 수 있다. 여기서 강조하고 싶은 것은 '행위를 동반하지 않는 신념은 죽은 것이다.' 는 것이다.

의심할 여지 없이 지구상에는 집중된 생각만으로, 사무실에 앉은 채 타인과 아무런 접촉 없이 놀랄 만큼 위대한 사업을 하는 사람이 있다. 흔히 말해 물질적인 세계 속에서는 대부분 행동력이 있는 사람이 세상을 지배한다. 위대한 다이너마이트와 같은 폭발력으로 타인에게도 정력을 나누어줄 수 있는 사람이 세상을 지배하는 것이다.

　전기 기구 발명의 귀재라 불리는 니콜라 테슬라는 살아 있는 동안 누구보다도 진동의 법칙을 잘 알고 있었는데, 주머니에 들어갈 정도의 작은 기계가 뉴욕에서 제일 높은 엠파이어 스테이트빌딩을 가루로 만들 힘이 있다고 공언했다(실제로 테슬라는 그 정도로 작은 도구를 사용해 처음 실험을 했는데, 뉴욕의 빌딩들이 흔들리고 유리창이 깨지고 사무실 집기들이 쓰러졌다.). 그 기계는 테슬라의 마음속에서 나온 것으로 그의 정신이 그것을 창조한 것이다. 이것이야말로 '신념을 행동으로 증명했다.' 는 실례인 것이다.

　형이상학자와 신비교 교사들은 자신의 방 안에 손님을 가만히 앉혀 두고 그들이 원하는 것을 영상으로 묘사하고 그것을 척척 실현할 수 있다고 공언하였는데, 이것이 가능하기 위해서는 마음의 그림과 사고의 방사가 적확하고 흔들림이 없어야 하며 많은 수련과 함께 사고의 강력한 집중이 필요하다. 따라서 매우 숙련된 정신의 집중이 가능하다면 더욱 놀랍고 신기한 현상이 일어난다는 기록이 남아 있다. 그러나 이러한 정신력이 아직 육성되지 않은 미숙한 사람들은 노력과 정신력을 기울여 마음속에 연상한 것을 실현하기 위해 잠재의식의 명령에 따라 행동하는 것이 지름길이라고 생각한다.

미국의 전 대통령 F. D 루스벨트는 끊임없이 잠재의식에 의지해 암시를 반복하면 그대로 이루어진다고 믿었던 사람이다. 그는 결코 뒤를 돌아보지 않고 앞만을 바라보며 어제의 일은 전혀 의미가 없는 덮힌 책과 같다고 생각했다. 소아마비를 앓은 뒤 무슨 일이 있어도 지팡이를 짚고 일어서 걷겠다고 결심했고, 친척들도 그가 다시 걷기를 기원하며 그 증표로 지팡이를 선물했다. 루스벨트 대통령은 크게 기뻐하며 밤이 새도록 지팡이를 짚으며 "프랭크, 너는 반드시 다시 걸을 거야!"라고 스스로 반복해서 다짐했다.

그는 믿음의 위력을 굳게 믿었다. 한 의사가 소아마비 경험자인 그에게 투병 체험에 관해 묻자, 그는 이렇게 대답했다.

"운동, 마사지 그리고 일광욕이 중요합니다. 하지만 무엇보다도 중요한 것은 환자 자신이 반드시 병이 낫는다고 믿는 것입니다."

이것은 내가 말하는 '신념의 마술'을 실제로 증명해 주는 것이다. 반복된 암시는 신념을 굳히는 근원이 된다.

06장

거울이
잠재의식을
약동시킨다

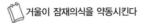 거울이 잠재의식을 약동시킨다

인간의 고민 대부분은 금전적 부족에서 비롯된다. 이 신념의 마술을 이용하여 1,000달러 돈다발을 손아귀에 넣었다는 이야기를 해준 사람, 편지를 보내 준 사람도 있다. 이 방법을 이용해 온 힘을 다해 노력한다면 돈은 반드시 생기게 된다. 한 가지 것에 생각을 집중하는 사고의 힘을 통해 돈을 끌어당기는 것이다. 일단 그것이 지평선 위로 모습을 드러내면 그것을 손에 넣기 위한 방향으로 사고는 당신을 인도할 것이다.

내가 투자회사 일을 하고 있을 무렵에 많은 자산가와 친분을 맺었는데, 그들은 모두 강력한 '재산의식'을 갖고 있었다. 그들은 재산 축적에 생각을 집중하고 그것을 얻기 위해 이 책 서두에 쓴 내 체험과 거의 비슷한 방법을 사용하였다.

그 기술은 당신이 무엇을 바라던 대부분 비슷하게 사용할 수 있다. 자신이 욕망하는 것을 마음속으로 연상하고 강하게 각인시켜 끊임없이 스스로 그것이 손아귀에 들어올 수 있다고 다짐하는 것이다. 그러나 기다리고 있기만 해서는 바라는 것이 저절로 손아귀에 굴러들어오지는 않는다. 그것을 향해 행동으로 옮겨야 한다. 항상 마음속에 목표를 품고 최대한 불필요한 비용은 절약하여 돈을 모으는 것이다. 예를 들면 매달 월급 중 일부를 절약하여 자신이 바라는 목표 자산에 한 걸음 다가가는 것이다. 그리고 가능한 한 많은 금액을 절약하는 것이 좋다. 많이 절약할수록 그만큼 빨리 목표 금액을 달성할 수 있다.

그런 다음 저축한 돈을 이자가 발생할 수 있는 곳에 투자하라. 도박이나 주식 투기를 해서는 안 된다. 확실한 증권이나 토지, 혹은 자신의 사업에 투자하는 것이 좋다. 이 투자는 당신의 재물에 대한 의식이 커짐에 따라 당신의 재산도 점점 늘어날 것이다. 유리한 투자 기회는 생각지도 못했던 미지의 방향에서 수없이 흘러들어온다. 그러나 대부분의 사람이 흔히 하는 실수처럼 물거품을 좇는 일에는 손을 대서는 안 된다. 얼마 안 되는 돈이라도 투자할 때는 미리 건실한 사람에게 조언을 구해야 한다.

The Magic of Believing

거울을
사용한 기술

모든 물질의 시작은 사고이며, 누군가의 마음에 있던 생각이다. 상품을 파는 사람은 사실 사고를 팔고 있다. 예를 들어 기계라고 하자, 그것은 기계가 행하는 작업 능력을 팔고 있는 것이고 만약 음식이라면 어떤 자양분이 들어 있고 얼마나 맛있는가 하는 내용을 팔고 있는 것이다. 모든 것은 이렇듯 사람의 생각이 만들어낸 것으로 모든 사업, 모든 재산은 사고의 결과에 의해 만들어진 것이다. 누군가의 생각이 작용하고 행위가 추가된 결과에서 비롯된다.

나는 수영복 메이커인 잔센의 발전 모습을 최근 몇 년 동안 주의 깊게 지켜보았다. 이 회사는 단 하나의 생각에서 발족하여 결국 지구를 한 바퀴 돌 정도의 기업으로 발전하였다. 나는 이 회사의 회장인 J.A

젠트바우어와 몇 번이고 이 마음의 과학에 관하여 이야기를 나누었고 그에게서 다음과 같은 편지를 받았다.

'세상의 어떤 사람들은 무언가 부단한 힘의 배경을 가지고 있어 순조롭게 성공하고 있습니다. 그런데 다른 사람은 힘들게 일을 하지만 성격의 부족함 때문에 안정된 성공에 도달하지 못하고 있습니다. 저는 부모님께 다른 무언가를 배웠다고 생각합니다. 유년 시절 무언가 불평하면 어머니께서는 항상 "투덜거리지 말아라. 이렇게 멋진 세상에 태어난 것이 얼마나 행복한 일인지 모르겠니? 힘을 내서 웃고 눈앞의 행복에 감사히 여겨라."고 입버릇처럼 말씀하셨습니다. 아버지께서도 "모든 밝은 면만 보아라. 어두운 면은 보지 않는 게 좋다. 먹구름도 그 위는 태양에 반사돼 반짝반짝 빛나고 있다. 그것을 생각해라."고 항상 말씀하셨습니다. 이런 이야기를 들으며 자란 저는 당신의 과학을 진심으로 존중합니다. 어떤 상황이든 모든 사람에게 반드시 도움이 될 거로 생각합니다.'

지금처럼 무한 경쟁 시대에 살고 전문 직업에 종사하는 데 있어서 그에 걸맞은 마음가짐이 되어 있는 사람이라면 모르겠지만, 마음의 준비가 되어 있지 않은 사람은 원하는 직업을 구할 수 없다. 모든 것에는 순서가 있다. 먼저 자신이 좋은 직업에 종사할 자격이 있다고 여긴다면 그것을 굳게 믿고 충분한 준비를 한 다음 이 과학을 응용하면 직업이든 어떤 다른 것이든 쉽게 손에 넣을 수 있다.

한 유명 회사의 중역은 내게 이렇게 말해주었다.

"많은 사람이 취업 활동을 해도 쉽게 찾지 못하는 것은 자신만을 생각하기 때문입니다. 고용주에게 얼마나 도움을 줄 수 있는지를 고용주 입장에서 생각하고, 그 점을 확실하게 고용주에게 전달하는 겁니다. 하지만 대부분은 전혀 이런 생각을 하지 않습니다."

이렇게 말하면 고용주가 물질 만능주의자처럼 들릴지도 모른다. 그러나 전쟁터와 같은 세상에서 모든 고용주가 현실적으로 직면하고 있는 것은 바로 이기적이라는 문제이다. 이런 속담이 있다.

'만약 당신 스스로 생각할 수 없다면 스스로 생각하는 사람의 생각을 따라 하라.'

그렇다, 이것이 지도자가 되는 사람과 고용인이 되는 사람의 갈림길이다. 자기 생각과 자신의 창조력을 발휘하지 않는 사람은 어느 시대든 자기 생각과 창조력을 발휘할 수 있는 사람에게 고용되는 입장에 선다. 예를 들면 머리를 쓰며 생각하는 일을 하기 싫어하는 사람은 육체노동을 해야 한다. 그리고 그런 일을 하는 사람은 남보다 적은 수입에 만족해야 한다.

그러므로 당신이 하고 싶은 일이 있다면 그것을 마음의 눈으로 그리고 마음의 눈을 크게 뜨고 봐야 한다. 그리고 앞에서 말한 카드를 이용한 기술을 끊임없이 마음속으로 반복하여, 목표를 향한 신념을 당신의 생명력으로 녹여 몸속의 피와 뼈와 그 밖의 모든 조직에 침투시키는 것이 중요하다. 자신이 바라는 일이나 사물을 눈앞에 생생하게 떠올릴 수 있도록 마음속에 실제로 연상해 봐야 한다. 이것이 가능하다면 목적은 반드시 실현될 것이다. 온종일 끊임없이 마음속에 굳게 품고 있는 것은 조금 느리더라도 언젠가 현실로 드러나게 되어 있다.

나는 거울의 기술을 알게 되었다

앞에서 자세히 설명했던 카드를 이용한 기술을 절대 잊어서는 안 된다. 그리고 여기 또 하나, 거울을 이용한 기술이 있다. 이 방법을 설명하기 전에 이것이 어떤 효과가 있는지 한 가지 일화를 말할 필요가 있다. 거울 과학을 카드의 기술과 함께 사용하면 더욱 효과적이고 빠른 성과를 올릴 수 있다.

몇 년 전 나는 기계 발명 특허권을 많이 가지고 있는 어느 부자의 저녁 식사에 초대된 적이 있다. 함께 한 손님들은 신문사 사장, 은행가, 기업가 등으로 호텔 방 몇 개를 빌려 호화 만찬을 벌였다. 제재소의 새로운 설비에 대한 이런저런 설명이 이어졌다. 식사 전에 제공된 식전주 덕분에 만찬 자리는 이미 와자지껄해졌고 얼마 되지 않아 주인까지

거나하게 취하고 말았다.

식사 시간이 되기 직전, 그가 취한 채 침실로 달려가 서랍장 앞에서 비틀거리는 모습을 발견한 나는 그를 돕기 위해 침실 문 앞에서 대기하며 지켜보았다. 그런데 그는 그곳에서 서랍장 양 끝을 두 손으로 지탱하고 선 채 거울을 바라보며 술꾼들이 중얼거리듯이 무언가를 중얼거리고 있었다. 이윽고 그의 말소리는 점점 또렷해졌고 내게도 무슨 의미인지 잘 들리기 시작했다. 나는 잠시 거리를 두고 바라보고 있었는데, 그는 이렇게 중얼거렸다.

"존, 대체 넌 뭐하는 사람이야! 손님들은 모두 너를 취하게 하고 웃고 있어. 절대 지면 안 돼. 너는 주정뱅이가 아니야. 전혀 취하지 않았어. 어서 술에서 깨는 거야. 오늘은 네가 주인이야. 취하면 안 돼."

이렇게 반복하며 거울에 비친 자신을 뚫어지게 바라보는 사이에 그의 낯빛은 점점 바뀌기 시작했다. 자세도 함께 반듯해지면서 얼굴 근육도 팽팽하게 펴졌다. 엉망으로 취한 모습은 어느새 사라졌다. 불과 5분 만에 일어난 일이었다.

나는 경찰 담당 신문기자를 한 적이 있어 난동을 피우는 술주정뱅이는 익숙했지만, 이렇게 빨리 술이 깨는 사람을 본 적이 없다. 내가 봤다는 것을 그가 모르는 편이 낫다고 생각한 나는 바로 자리를 피했다. 잠시 뒤 식탁에 앉은 그는 얼굴에 약간 홍조를 띠고 있기는 했지만, 전혀 취한 모습을 보이지 않았다.

식사가 끝날 무렵 그는 획기적인 새로운 기획에 대한 확신을 마치 한 장의 그림을 보여주듯이 설명하여 함께 자리한 사람들에게 깊은 감명을 주었다. 그로부터 몇 년이 지난 뒤 내가 잠재의식이라는 것을 깊이 연구하게 되면서 만취 상태였던 그가 순식간에 술에서 깨어 주인공 역할을 꼼꼼하게 해내는 과정을 생각해 보면서 내 과학에 대한 확신이 점점 깊어지게 되었다.

그 후, 나는 오랫동안 거울의 기술을 수많은 사람에게 가르쳤는데, 이 기술을 이용해 훌륭한 성과를 거둔 적이 자주 있었다.

말로는 표현할 수 없는 고뇌를 마음속에 품은 채 나를 찾아와 도움을 청하는 사람이 매우 많다. 그중에는 여성도 적지 않다. 대부분의 여성은 울면서 심적 고통을 토로했다. 그럴 때면 나는 그 사람들에게 커다란 거울 앞에 서서 자신의 모습을 잘 살펴보라고 한다. 거울에 무엇이 보이는지, 지쳐 포기한 한심한 얼굴인지, 한 명의 용감한 전사의 모습인지, 자신의 얼굴이 어떻게 보이는지를 물어보면 이 사람들은 곧바로 자신의 우는 얼굴을 감추려 한다. 여자란 자신의 모습이 거울에 비추면 적어도 울지 못하는 듯하다. 이건 정말 특별한 발견이었다. 그것이 자존심 때문인지, 수치심 때문인지, 자신의 나약함을 남에게 보이고 싶지 않은 때문인지는 모르겠으나 왜 울음을 멈추는지는 여기서 문제로 삼을 필요가 없다. 그보다 중요한 것은 거울에 비친 자신의 모습을 볼 때 눈물이 멈춘다는 사실이다.

위대한 웅변가, 설교가, 배우, 정치가 등은 모두 예로부터 거울을 사용하는 기술을 알고 있던 사람들이다. 미국의 유명 정치가 W. 피어슨의 말에 따르면 영국의 총리 W. 처칠은 중요한 연설은 반드시 거울 앞에서 시험한 뒤에 했다고 한다. 미국 대통령 W. 윌슨 또한 마찬가지라고 피어슨은 말했다.

내 생각에는 그렇게 함으로써 연설가는 잠재의식에 활력을 부여하는 것이다. 이것을 비행기 엔진에 비유하면 항공유를 추가로 보내는 공급기와 같은 역할을 하여 연설가가 연단에 섰을 때, 몸 안에 활력이 넘쳐 청중의 머리 위로 흘러가게 하여 깊은 감명을 주게 된다. 연설하기 전에 거울 앞에 서서 시연을 하면 자신의 몸짓과 말투, 음성과 청중을 둘러보는 태도 등은 잠시 후 연단에 설 자신의 모습을 마음속 깊이 각인시킬 수 있게 해준다. 거울을 봄으로써 그의 마음속 진동파는 강화되고 말이 가진 의미와 힘도 강해져 청중의 잠재의식 속에 직통으로 깊이 파고들어 가는 것이다.

유명한 복음 설교사 B. 샌디에게는 무언가 인간적인 자력과 같은 것이 있다는 소리를 자주 듣는다. 이것은 그가 거울의 기술을 체득했기 때문이다. 신문 인터뷰 기사에 이런 내용이 있었다.

'샌디는 호텔 방을 맹수처럼 어슬렁거리며 창문 밖을 응시하는가 싶다가도 한쪽 다리를 창틀에 올리고, 양손으로 화장대를 꽉 잡기도 하는데 이런 행동을 하는 동안 줄곧 거울에 비친 자신의 모습을 바라보며 연설 시연을 했다.'

미국에서 유명한 어느 보험회사의 영업사원은 일찌감치 신념의 과학을 활용하여 가능성이 있는 예비 고객을 만나러 갈 때는 단 한 번도 빠짐 없이 거울 앞에서 권유 시연을 하여 놀라운 실적을 올렸다.

영업사원이 흔히 듣는 이야기 중에 "나를 설득하지 못하면 다른 사람은 절대 설득할 수 없다."는 말을 듣는데, 이것은 과연 진리다.

종교든 군사적인 일이든 역사적인 모든 대중운동은 한 개인에서 출발한 것으로 자신의 사고방식에 대한 불타는 신념이 다른 수만 명의 생각을 바꾸어 자신에게로 군중을 끌어당기는 것이다. 심리학을 깊이 연구하지 않더라도 한 인간의 넘치는 열정은 순식간에 다른 사람에게 감염된다는 것쯤은 누구나 알고 있을 것이다.

거울을 사용하는 것은 그 효과를 내는 간단하면서도 효과적인 방법이다. 이를 통해 영업사원은 자신의 수완에 대한 신념을 굳힘과 동시에 열정을 느끼게 하는 위력을 상대에게 가할 수 있다. 내 과학에서 거울을 이용한 기술은 제일 먼저 자신의 잠재의식의 위력을 깨워 상대의 잠재의식에 직접 연결해 상대를 빠르게 설득시킬 수 있는 효과적인 방법이다.

우리의 일상은 남이 느끼거나 말거나 관계없이 항상 무언가를 팔고 있다. 물건이 아니라면 자신의 인격이나 서비스, 그것도 아니라면 사고를 팔고 있는 것이다. 실제로 인간끼리 서로 어울려 생활하는 곳에서는 반드시 서로에게 무언가를 팔거나 사는 관계가 근본을 이루고 있다. 타인을 설득하여 자신의 사고 방향으로 끌어당길 때 역시 같은 관계가 성립된다.

법률상의 계약이나 의견의 일치 등도 결국은 '마음과 마음의 만남.'이다. 어느 쪽이 상대를 자기 생각 방향으로 끌어당기지 못한다면 마음의 합치는 절대로 있을 수 없다. 게다가 주요 쟁점에 관하여 마음과 마음이 합치된다면 나머지는 너무나 간단한 일로 계약서에 서명하는 데는 1, 2분의 시간이면 충분하다.

경제 불황 시기에 나는 각 지방의 상점과 회사의 판매부에서 판매 촉진을 위해 거울을 이용한 방법을 소개하여 눈부신 성적을 올렸다. 제과점 배달 차량에는 뒷문에 거울을 붙이게 하였다. 스스로 운전하여 판촉 활동을 하는 영업사원들은 배달할 파이를 실으려고 차 문을 열 때 제일 먼저 거울에 비친 자신의 얼굴을 보게 되는 것이다.

나는 모두에게 일일이 거래처 소매점에 들어가기 전에 오늘은 파이 몇 개를 팔 것인지를 미리 정하라고 가르쳤다. 그리고 거울 속 자신에게 반드시 그만큼의 파이를 거래처 카운터 위에 놓고 돌아가겠다고 굳게 다짐하라고 명령했다.

몇 달이 지나고 어느 배달원은 내게 이 이야기를 들려 주었다. 어떤 여주인이 운영하는 레스토랑이 있었는데, 그 동안 필사적으로 노력해도 실적이 없었다고 한다. 그는 단 한 개라도 꼭 팔겠다는 마음가짐으로 거울 기술을 이용하였다. 그리고 뜻밖에 사용한 그 날 놀랍게도 10개의 파이를 팔 수 있었다고 한다. 그는 매일 고정적으로 15개의 파이를 팔고 있었다.

거울 기술을 이용하는
회사의 번영

보험회사와 금융회사를 비롯해 고무회사와 자동차 대리점 또는 제과회사 등처럼 영업직이 많은 회사에서는 이 거울 기술이 매우 효과적이다. 내가 전에 다니던 회사에서는 눈앞에 닥친 역경에 부딪혀 180도 방향전환을 해야만 했다. 우선 사무실 뒤편 종업원들의 탈의실에 거울을 설치하고 이 기술을 시험해 보기로 했다.

사원이 탈의실을 드나들 때 잘 보이는 곳에 거울을 설치하였다. 처음에는 '이기자.', '불굴의 정신에 불가능은 없다.', '우리는 할 준비가 되어 있다. 이제 증명해 보이자.', '패배냐, 아니면 승리냐.', '오늘은 몇 개를 팔자.' 등 온갖 표어를 종이에 적어 붙였다가 나중에는 거울에 직접 적게 되었다.

매일 아침 새 표어가 줄줄이 생겨났다. 우리의 경쟁 업체도 어떻게 해서든 도산을 피하고자 필사적이던 시기로, 우리는 무슨 일이 있어도 이 역경을 이겨내기 위해 고심에 또 고심했다. 영업사원은 반드시 이 거울을 보고 나서 거리로 나섰다. 그런 다음 다시 사원들은 물론이고 중역들의 책상 위 탁상 달력에도 거울을 붙이게 되었다.

그 덕분이었을 것이다. 놀랍게도 끝없는 불황 속에서 영업사원들은 한 명도 빠짐없이 수입이 3배에서 4배까지 늘어났다. 이후로도 그 성적을 계속 유지하고 있다. 개중에는 경기가 좋을 때에도 300달러밖에 안 되던 사람들까지 몇 년 전부터는 계속 월수입으로 1,000달러를 유지하고 있다.

당신은 거짓말이라고 여길지도 모르나 이것은 한 치의 거짓 없는 사실이다. 내 사무실에는 직원이나 영업사원들에게서 받은 수많은 편지가 놓여 있다. 거울 기술을 이용해 상상 이상으로 효과를 거두거나 대박을 낸 사람들의 편지 내용이 그것을 입증하고 있다.

그럼 이제 거울을 사용하는 요령을 설명하기로 하자. 우선 거울 앞에 선다. 거울은 등신대 크기의 것이 이상적이지만, 허리 위 상반신을 비추는 정도의 크기라도 상관없다.

우선 거울 앞에 서서 차렷 자세를 취한다. 똑바로 서서 발꿈치를 붙이고, 배를 집어넣고 가슴은 펴고, 턱은 목 안쪽으로 당기고, 머리는 치켜든다. 이 자세로 심호흡을 서너 번 반복하여 몸 안에 자신감과 힘과 결의로 가득 차기를 기다린다. 거울 속 자신의 눈 깊은 곳을 응시하며 욕구하는 것이 반드시 이루어질 것이라고 스스로 다짐한다. 욕구하는 것들을 자신의 귀에 들릴 정도로 큰소리로 말하는 것이 좋다. 그러면 입술의 움직임이 보이고 자신의 말이 귓가에 남게 된다. 이것을 적어도 하루에 두 번, 아침과 밤에 하는 습관을 들이면 자신도 놀랄만한 결과가 현실에서 이루어진다.

이 효과를 더욱 높이고 싶다면 펜으로 거울에 바라는 표어를 쓰는 것도 좋다. 예를 들어 자신이 이전부터 마음속에 품고 있던 것과 현실로 이루어지는 것을 보고 싶다고 염원하는 것을 적어도 좋다. 이것을 이틀, 사흘 지속하다 보면 이전에는 느낄 수 없었던 자신감이 몸속을 흐르고 있다는 것을 틀림없이 느끼게 될 것이다.

만약에 특별히 완고한 예비 고객을 방문할 때나, 혹은 이전부터 무서워하던 회사의 사장 등과 상담을 하려 할 때에는 이 거울 기술을 이용해 자신감이 생길 때까지 거울을 보고 계속해서 연습하라. 만약 연설해야 한다면 몇 번이고 거울 앞에서 시연하는 것이다. 한 손은 주먹을 쥐고 다른 한 손의 손바닥을 내려쳐 강의 주제를 청중의 마음에 못을 박듯이…, 본인에게 가장 무난하고 자연스러운 몸짓을 취해보는 것이다.

거울 앞에 서서 자신을 화려하게 성공한 사람이라 생각하고 세상에 두려울 것이 없다는 것을 스스로 다짐하는 것이다. 그런 바보 같은 짓을 어떻게 하냐고 할 사람이 있을지도 모른다. 그러나 잠재의식을 향해 제공된 모든 염원은 현실의 삶에 있어서 실제로 구현된다. 이 점을 잊어서는 안 된다.

잠재의식이 평소의 염원을 빠르게 받아들일수록 그 욕구는 빠르고 위력적인 모습으로 마음속 이미지로 나타나고 결국 그것은 외부 세계에서 실현된다. 단, 자신이 어떤 생각을 하고 있는지를 남들에게 가볍게 말하지 않는 것이 좋다. 그런 이야기를 들으면 당신을 비웃을 사람도 있을 것이다. 그렇다고 자신감이 흔들려서는 안 된다. 특히 이 과학을 배우는 초기 단계에서는 그건 것에 주의하는 것이 중요하다.

또한 회사의 중역이나 판매 책임자 등의 입장에서 부하 전체의 사기를 올리고자할 때는 거울 기술을 가르치고 실행시키면 반드시 큰 효과를 얻을 수 있다. 지금은 많은 회사에서 이것을 활용하여 실적을 올리고 있다.

눈의 힘은
그 사람을 나타낸다

눈의 힘에 대한 여러 가지 말들이 있다. 눈은 마음의 창으로 당신이 마음속에 생각하고 있는 것을 겉으로 드러내는 것이다. 눈은 사고뿐만이 아니라 마음속을 확실하게 표현하는 것이다. 속담에도 있듯이 인간의 가치를 정하는 가격표라고 할 수 있다. 그런데 이 거울의 기술을 실행하게 되면 스스로 놀랄 만큼 자신의 눈에 아름다운 색과 역동적인 힘이 담겨 있다는 것을 잘 알 수 있다. 이 힘은 어떤 대상도 꿰뚫고 모든 것의 깊은 곳까지 들여다볼 수 있는 눈빛이 되고, 상대는 자신의 영혼 깊은 곳까지 들키고 있다는 기분을 들게 한다. 그렇게 자신도 모르는 사이 강하고 박력 있는 눈빛이 되고, 상대방은 마음속에서 넘치는 박력에 압도당하게 된다.

에머슨은 상대의 눈을 보면 그 사람의 지위가 확실하게 드러난다고 적고 있다. 모든 사람은 인생에서 계급과 지위를 눈 속에 품은 채 다니고 있다는 사실을 잊어서는 안 된다. 그러므로 상대의 첫눈에 자신감이 넘쳐 보이는 사람이라고 느낄 수 있는 눈빛을 만드는 것이 중요하고, 그러기 위해서 거울을 이용하는 것은 매우 효과적이다.

거울의 기술은 여러 방면에서 이용되어 훌륭한 효과를 올리고 있다. 예를 들어 자세가 나빠 걸음걸이가 엉성한 사람은 등신대의 거울 앞에서 자세를 고치려 노력한다면 눈에 띄게 효과를 거둘 수 있다. 거울은 타인의 눈에 비추는 모습 그대로를 비춰준다. 따라서 거울 앞에서 연습하면 타인에게 보여줄 이상적인 모습으로 자신을 변신시킬 수 있다.

가령 연극에서 어떤 인물의 역할을 하다 보면 자신도 모르는 사이 그 역할과 닮아진다는 말이 있다. 이걸 보더라도 거울 앞에서의 시연만큼 효과적인 방법은 없다. 그러나 이 과학은 허영심이 아니기 때문에 가벼운 마음으로 거울을 이용해서는 안 된다. 정말로 자신이 동경하고 진심으로 되고자 하는 자신을 만들기 위해 써야 한다.

뛰어난 인물이 되어 세상에 이름을 알린 수많은 위인 중에는 이 거울 기술을 이용해 세상 사람들을 이끌 힘을 키웠고 역사가 증명하고 있다. 미래에 대한 큰 꿈을 품고 있는 사람이라면 반드시 이 기술을 이용해야 한다.

또한 직감과 예감에 대한 이야기도 많이 있다. 일부 심리학자는 이러한 직감적인 생각은 하늘에서 갑자기 떨어지는 것이 아니라 지금까지 체험하고 습득하여 축적된 모든 지식이라거나, 혹은 과거에 보고 들었던 것들에서 비롯되는 일종의 종합적 결과라고 말한다.

그러나 그런 견해가 가능한 것은 화학자와 발명가와 같이 오랜 세월 연구를 통해 터득한 지식과 반복된 많은 실험을 바탕으로 실패할 수도 있지만 일단은 새로운 실험을 계속해서 반복하는 사람에게는 어느 정도 맞는 말일지도 모른다.

그러나 내가 믿는 대다수의 발명과 위대한 아이디어와 걸작 등은 잠재의식 속에서 만들어진 것으로 과거에는 마음속에 자리하고 있지 않은 것이 많다는 것이다. 우리가 현재 익숙해 있는 습관과 사용하고 있는 모든 것들이 처음에는 누군가의 마음속 하나의 착상으로 불현듯 떠오른 것이다. 처음에는 어떤 예감이나 직감, 혹은 무엇이라 불러도 상관이 없다. 그런 독창적인 것이 있었을 것이다. 그러므로 자신의 머릿속에 떠오른 생각을 소홀히 여겨서는 안 된다. 더불어 어디까지나 그것에 의존해야 한다.

위대한 지도자, 기업가, 발명가 중에서 성공한 사람들은 일을 잠시 쉬고 있을 때나 당면한 문제가 아닌 다른 것을 하고 있을 때 등 본업에서 잠시 멀어져 있을 때 불현듯 머릿속에 떠오른 착상이 발전하여 그것을 바탕으로 위대한 업적을 달성하는 경우가 많다.

잠재의식의 작용에 의해 어려운 문제를 해결하기 위해서는 우선 다각도에서 전체를 의식적으로 검토한 다음 밤에 잠자리에 들기 전에 잠재의식을 향해 부디 이 문제에 대한 해답을 찾아달라고 부탁하는 것이다. 그러면 한밤중에 갑자기 잠에서 깨어 해결책이 머릿속에 떠오르거나 아침에 눈을 뜨는 순간 불현듯 해답이 머릿속에 번뜩이기도 한다.

또한 낮에 본업과는 전혀 상관없는 다른 일에 몰입해 있을 때 갑자기 좋은 생각이 떠오르기도 한다. 그럴 때는 꼼꼼하게 그대로 받아들여 지시에 따라 행동을 하면 된다.

예를 들어 외부 사람을 방문한다거나, 전화를 걸어 보고 싶어지는 등의 육감적 생각이 들고는 하는데, 그때 머릿속에 떠오른 사람은 어느 회사의 사장이거나 그 사람이 무언가 좋은 방법으로 힘이 되어줄 수 있을지도 모른다. 하지만 그 상대의 지위가 높으면 높을 수록 주저하며 만나러 갈 생각조차 들지 않기도 한다.

마음이 두려워하고 주저하는 것, 이것은 직관 또는 경험에 의하지 않는 논리적으로 분석하여 연구하는 변증적 시각이라고 나는 말하고 싶다.

한편으로는 육감적으로 떠오른 생각에 따라 찾아가 보라고 명령을 하고, 다른 한편에서는 주저하며 이 두 가지 생각 사이에서 고민하는 경우도 있다. 그럴 때는 아쉽지만 대부분 두려움과 주저함이 이겨 결국 방문을 포기하기에 십상이다. 이렇게 두려움과 주저를 느낄 때는,

"내가 그에게 전화하거나 찾아간다고 해서 손해 볼 일이 있을까?, 해가 되는 일이 있을까?'라고 스스로 자문해 보는 것이 좋다. 그러면 두려워하거나 주저할 이유가 없다는 것을 깨닫게 된다. 따라서 문득 떠오른 생각은 주저하지 말고 그대로 실행에 옮겨야 한다.

The Magic of Believing

이 과학을
나쁜 일에 쓰지 말라

그러나 다시 한번 주의해야 할 점은, 도박 등의 삼가야 할 행동이다. 예를 들어 경마나 도박, 주식에서 노다지를 생각하는 사람 중에서는 직감과 육감의 착안으로 생각지도 못한 큰돈을 버는 경우도 가끔은 있다. 그렇다고 무일푼으로 무언가를 얻기 위해 직감과 예감을 사용하는 것은 삼가야 한다. 그런 생각으로 무언가를 하는 것은 근본적인 문제가 내포돼 있다. 왜냐하면 도박꾼의 최후는 무일푼이 되어 비참한 최후를 맞이하는 것이 보통이기 때문이다.

또한 직감과 육감에 의지해 한 번도 경험한 적이 없는 새로운 일에 손을 대는 것도 좋지 않다. 그것들은 육감이라기보다는 오히려 단순히 들뜬 기분에 지나지 않는다. 진정한 육감은 항상 무언가 자기 일에 직

접, 혹은 간접적으로 관계가 있는 것으로 어떤 의미가 있는 일을 하고
자 하는 의욕이 생기게 하고 그에 동반된 행동을 일으키게 하는 힘을
부여하는 것이다.

　당신은 이 책이 하룻밤에 부와 명성을 얻게 해주는 도깨비방망이라
고 여기지는 않을 것이다. 이것은 제1 관문을 여는 하나의 열쇠일 뿐
이다. 이 문을 열면 넓은 도로가 뻗어 있고 그 끝에는 욕구하는 바람을
달성하는 최후의 결승점이 있다. 이 책은 그 문을 열기 위한 열쇠이다.
　자신의 역량과 소양에 걸맞지 않은 일을 모험 삼아 돌진하는 것은
누가 봐도 현명한 일이 아니다. 예를 들어 어떤 큰 공공사업과 거대한
사업 등의 책임자가 되겠다는 대망을 품고 있다면 당연히 그 일에 대
한 지식이 있어야 한다.
　그러나 이 과학은 모두가 최상의 지위를 향해 세상에 나가는 데 있
어서 반드시 지나야 하는 바른 길을 가르쳐줌과 동시에 그 여정을 쉽
게 극복할 수 있도록 인도해 준다. 하지만 어떤 방향을 선택하든 제일
먼저 행동 계획을 세워야 한다.
　약국에 들어가 막연하게 '아무 약이나 주세요.' 라고 하는 사람은 없
다. 병의 증세를 설명하거나, 더욱 확실히 원하는 약의 이름을 말하는
것이 보통이다. 이 과학도 그와 마찬가지로 먼저 행동 계획을 세워야
한다. 우선 무엇을 추구할 것인지 방향을 명확히 제시해야 한다.

자신이 무엇을 추구할지 확실히 결정하였다면 그것만으로도 당신은 남보다 더 행복한 사람이다. 그럼으로써 이제 막 성공의 첫걸음을 뗀 것이기 때문이다. 이렇게 스스로 욕구하는 것의 이미지를 마음속 영상으로 각인시키고 그것을 지속해서 행하고 발전시켜 나간다면, 무슨 일이 있어도 성공을 방해하는 장해물을 극복할 수 있다. 왜냐하면 잠재의식을 향해 박력 넘치게 명령을 내리면 잠재의식은 무엇이든 그대로 받아들여 마음먹은 대로 성공의 길로 확실하게 나가게 해주기 때문이다.

07장

외부 세계는
마음의 투영

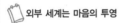# 외부 세계는 마음의 투영

 성공할 수 있는지는 끊임없이 노력하는지 않는지에 달려 있다. 최선을 다하지 않으면 힘들게 손에 넣은 것도 날개가 돋인 듯 날아가 버린다. 아무리 짧은 시간이라도 어설픈 승리에 만족하려 자신을 칭찬하며 시간을 보내서는 안 된다. 자신의 입지를 굳히는 일에 빈틈이 생기면 놓칠 위험이 있다. 널리 세계를 살펴보자. 과연 크나큰 발전을 하였지만, 그걸로 만족할 수는 없는 일이다. 아직 손도 대지 않은 막대한 자원이 사방에 널려 있다.

물론 모든 분야는 열려 있고 앞으로도 상상력이 풍부하고 의욕이 넘치는 사람들이 줄줄이 위대한 사업을 일으킬 것이다. 하지만 나는 아직 대부분이 백지 상태로 버려져 있다고 생각한다. 앞으로 50년을 더 살아서 현재를 되돌아보면, 아마도 지금의 시대를 인류의 석기시대와 같다고 여길 것이다.

초보자가 보면 과학자의 연구실에서는 상상을 초월한 일들이 진행되고 있다. 나무 등의 원료에서 불과 물에 견딜 수 있는 경량 천을 만들거나 가라앉지 않는 배, 태양에서 에너지를 얻는 기계, 우리가 마음속으로 생각하고 있지만 말로는 표현할 수 없는 생각을 기록하는 기계 등 놀랄만한 것들이 고안되고 있다. 그러나 그것들은 수평선 위로 겨우 떠 오른 두세 가지의 예에 불과하고, 그 밖의 모든 것을 열거하자면 끝이 없다.

문명은 상상력과
잠재의식의 산물

그 모든 것은 인류의 상상력이 만들어낸 것, 혹은 마음속 깊은 곳의 잠재의식이 만들어낸 산물이다. 앞으로 50년도 채 되기 전에 마음속에 생각했던 것을 암흑 속에서 교신하는 정신 교류 등도 지금의 라디오처럼 흔한 것이 될지도 모른다. 과연 그런 일이 일어날 수 없을 것이라고 장담할 수 있겠는가?

인간은 마음속에 품은 생각을 물질이라는 구체적인 것으로 형상화할 수 있는 동물이라고 한다. 우리가 현재 사용하며 편리를 누리고 있는 다양한 것들을 살펴보면 이 말이 틀림없는 사실이라는 것을 뒷받침해 주고 있다. 인류의 마음이라는 위대한 힘을 극대화하고 활용한다면 이 지구와 지구 위의 만물을 지배할 수 있는 것은 물론이고, 지구와 가까이 있는 행성도 정복할 수 있다. 우리의 육체에는 마음이라는 빛이 이제 어렴풋이 보이기 시작했다. 그것을 부채질하여 강력한 불로 타오르게 하고 그 위에 끊임없이 연료를 더하여 불길을 더욱 강하게 만들어야 한다. 그 연료는 사고 자체이고 사고에 이은 행동이 중요하다.

내 지인 중에는 평생 수많은 일을 하고 지금은 70살이 넘는 사람이 있다. 그는 항상 이렇게 말하고 있다.

"세상 사람들 대부분은 전혀 일하려 하지 않기 때문에 빨리 늙어버린다. 나는 몇 년 동안, 적어도 일주일에 한 번은 새로운 일을 하기로 했다. 예를 들어 부엌에서 사용할 간단한 도구를 만드는 작은 일, 신규 판매계획, 어려운 책을 읽는 등 무엇이든 상관없다. 이 습관 덕분에 나는 몸과 마음을 항상 활기차게 유지할 수 있었다. 잠든 것처럼 잠재된 상상력을 지금까지 유용하게 활용할 수가 있다. 사람은 60살이 되면 은퇴해야 한다는 생각은 큰 착각이다. 정신과 육체를 건강하게 유지하고 있으면서 은퇴하여 일에서 멀어지면 죽음을 재촉할 뿐이다. 그런 예는 세상에 널려 있다. 자동차도 쓰지 않고 버려두면 녹이 슬어 폐차장으로 보내지고 만다. 인간도 마찬가지로 일을 하지 않으면 녹이 슬고 노쇠하여 결국 죽음에 이르고 만다."

적어도 일주일에 한 번은 무언가 새로운 일에 손을 대는 것, 다시 말해 창의적 노력을 게을리하지 않고, 인생에 성공하기 위해서는 그것이 얼마나 중요한지를 말해주고 있다. 창의적 노력이 없는 사람은 직업을 찾지 못한 채 주저앉아 그 어떤 발전도 보여주지 않는다. 자기 일에 창의적 노력을 하여 새로운 작업방법을 모색하지 않거나, 노력하지 않고, 끊임없이 개량책을 연구하지 않는 사람은 남녀를 막론하고 항상 하급 직책에 머무를 수밖에 없다.

수많은 종업원은 회사에서 열심히 일해도 결국 그것은 고용주의 주머니만 채워주는 것이라는 착각에 사로잡혀 있다. 고용주는 종업원에게 일터와 도구를 제공해주기 때문에 직장에서 일하는 것은 오로지 자기 자신을 위한 것으로 생각하기 어렵다. 속담 중에 '명령받는 것을 모르는 사람은 명령하는 사람이 될 수 없다' 는 말이 있다. 맞는 말이다. 그러나 매일매일 일하는 사람 중에서 언젠가는 자신도 간부가 되어 종업원에게 명령할 위치에 오를 수 있다고 생각하는 사람은 매우 드물다.

에머슨은 이렇게 말했다.

"친구를 갖는 유일한 길은 친구가 되어주는 것이다."

이런 기본적인 생각을 하는 사람조차 매우 적다. 좋은 일을 하면 반드시 상대도 좋은 일을 해줄 것이다. 이것은 어떤 사람에게는 유치한 싸구려 교훈처럼 들릴지도 모르지만 진리는 역시 진리다.

대부분의 사람이 때론 적을 만들기도 한다. 상대와 관계가 안 좋아지는 것은 당신 때문에 사이가 나빠지거나 아니면 상대에게 원인이 있어 나빠지기 때문이다. 그런 관계가 되면 당신은 자연스럽게 상대를 싫어하게 되고 싫어하는 마음이 상대에게 반영되어 상대도 당신을 싫어하게 된다. 그런 식으로 적대관계인 상대를 다시 친구로 끌어들일 수 있는 사람은 행복한 사람이다. 더군다나 그것은 어려운 일이 아니다.

나를 너무나 미워하는 몇몇 사람이 있었다. 아마도 내가 한 실언 때문에 화가 났을 것이다. 그들은 나를 죽이고 싶을 정도로 증오하고 있었던 것 같았지만, 나는 그들을 친절한 사람이라고 여겼고 진심으로 그렇게 믿었다. 그런데 매우 간단한 일로 그들은 내게 가장 친한 친구로 바뀌었다.

나는 적을 친구로 바꿔버리는 사고방식을 어떻게 터득했는지 잘 기억이 나지 않는다. 문득 떠올랐는지, 아니면 누군가에게 배웠는지는 잘 모르겠지만 오랫동안 그것을 신조로 여기며 지켜온 것이 의외의 효과를 발휘한 것이다.

The Magic of Believing

체험의 세계는
마음의 발현

언젠가 한 회사의 심한 흉을 본 적이 있다. 그 때문인지 그 회사 중역으로부터 크게 미움을 산 적이 있다. 몇 달 동안 그는 모든 상황에서 나를 공격했다. 따라서 나도 그에게 보복적인 태도를 보였다. 그러는 사이 그가 적의를 품게 된 것은 내가 회사에 대해 악평을 했기 때문이 아니라 그의 인품을 나쁘게 말한 것이 원인이라는 사실을 알게 되었고, 나는 스스로 이렇게 말했다.

"그는 나쁜 사람이 아니다. 내가 오해를 했다. 내가 흉을 본 것이 원인이다. 미안하게 생각한다. 다음에 만나게 되면 마음속으로 그에게 알려줘야겠다."

이것이 암시되어 어느 날 밤에 우리 두 사람이 회원인 클럽에서 만

낮을 때, 평소라면 그가 나를 피했을 테지만 뜻밖에도 정면으로 얼굴을 마주하고 앉게 되었다. 그리고 나는 이렇게 말을 꺼냈다.

"요즘 어때, 찰리!"

그러자 그는 친절하게 응대해 주었다. 그는 내 말에서 뭔가 친근감을 느꼈던 것 같다. 우리는 지금 매우 친한 사이가 되었다.

이처럼 잊어서는 안 될 것은 우리가 적이라고 여겼던 상대 중에 몇명은 우리가 적으로 만든 것이다. 친구나 적이라는 것은 우리의 마음을 반영한 것에 불가하다. 상대 또한 우리가 마음속에 품고 있는 인상에 반응하여 너무나 쉽게 좋아하거나 싫어하는 것이다.

자신의 마음이 이렇게 상대에게 투영되는 상황은 내가 이 문장을 쓴오늘 아침에도 있었다. 우리집 세탁용 파이프가 막혀 배관 수리공을 부르게 되었다. 지금까지 수리공은 단 한 번에 와 준 적이 없었고, 나는 그들이 애를 먹이는 존재라고 생각하고 있었기 때문에 항상 부를 때마다 애를 먹고 화가 났었다. 하지만 이날은 내가 생각을 바꾸어 버렸다.

'배관공은 모두 좋은 사람이야. 지금까지는 운이 나빴을 뿐이야. 다잊어버리자.' 라고.

나는 이런 마음으로 새로운 사람을 불렀다. 그러자 이번에는 친절한사람을 만나게 되어 나도 일을 거들어 여느 때와 달리 수리가 빨리 끝났다.

상대가 좋은 사람이라고 생각하고 믿으면 상대도 좋아진다. 우리가 받아들이는 것은 모두 우리의 마음에서 비롯된다.

이 진리를 항상 기억해 두면 좋을 것이다. 꼭 한번 응용해 보기 바란다. 틀림없이 놀랄만한 효과가 있을 것이다. 예를 들어 매일 타는 버스 기사에게 이런 마음이 어떻게 반영되는지, 혹은 카운터 뒤에 서 있는 점원에게 친근감을 느끼면 점원들이 어떤 친절한 서비스를 해 주는지, 한번 시험해 보기 바란다. 말보다는 증거다. 이것은 모든 인간관계의 접촉에 있어서 응용할 수 있다. 결의에 찬 마음으로 접하면 적을 만들 걱정은 결코 없다.

성경은 이렇게 가르치고 있다.

"남이 내게 해주기를 바라는 것을 남에게 베풀어라."

실제로 성공한 사람들은 그 동기가 무엇이든 간에 남을 위해 무언가를 하면 상대도 자신을 위해 무언가를 해줄 것이라는 생각을 바탕으로 작용하는 것이다. 어쩌면 이해타산으로 들릴 수도 있다. 지위와 환경과 상관없이 서로 뒤엉키며 살아가는 관계는 인간관계에 있어 근본적인 법칙으로 엄격히 존재한다. 이것은 모든 원인에는 그에 상응한 논리적 결론이 있다는 사실에 불과하다.

예를 들어 윗사람을 기쁘게 하는 것은 절대 아첨이 아니다. 윗사람에게 정중히 대하는 것은 당연한 상식이다. 어떤 단체든 열심히 일하고 상사를 기쁘게 하는 사람일수록 빨리 승진한다. 상사가 승진을 시켜주는 것이다. 당신의 일하는 모습이 인정을 받을수록 승진은 빠르다. 아무리 자신만만하더라도 단체 내에서 출세하고 싶다면 일을 잘하는 것은 당연하고 상사의 호감을 사지 않으면 안 된다. 조금만 주의 깊게 주변을 둘러보면 어디에서나 그 원리가 통용되고 있다는 사실을 알게 될 것이다.

어릴 적 교실에서도, 군대에서도 똑같은 경험을 할 수 있을 것이다. 정계에서도 마찬가지다. 또한 동물의 세계를 연구해 보면 최고에서 최저의 동물에 이르기까지 이 원리가 작용되는 것을 볼 수 있다.

남들보다 앞서 항상 남을 위해 무언가를 하는 것은 좋은 일이다. 그러면 얼마나 많은 것이 본인에게 모여드는지, 또한 얼마나 많은 사람들로부터 즐거운 보답을 받을지 모른다. 타인을 위해 어떤 좋은 일을 하면 반드시 어떤 형태로든 보답이 돌아온다.

착실한 사람을 칭찬하면 반드시 좋은 친구를 얻을 수 있다. 칭찬을 받아 싫어할 사람은 아무도 없다. 남에게 칭찬을 받는다는 것은 심리적으로 그 사람의 자아를 만족시켜 주는 일이다. 칭찬을 받은 사람은 칭찬해 준 사람에게 이전보다 더 호의를 갖게 된다.

정치가로 성공한 사람은 남을 위해 봉사하고 칭찬함으로써 친구를 많이 만들어야 한다는 것을 제일 먼저 배운다.

The Magic of Believing

사장의 이름도
모르는 종업원

예를 들어, 오늘 당신이 거리의 신문팔이 소년과 친하게 지내고 있었다고 하자. 훗날 당신이 교통신호를 위반해 법정에 세워졌을 때, 우연히 그 신문팔이 소년이 법정의 판사가 되어 있을지도 모른다. 만약 그렇다면 재판관이 자신에게 호의를 가지고 있는 친구라는 사실을 알았을 때, 얼마나 마음이 든든한지 모른다. 이 사고방식은 인생의 모든 상황에 해당한다. 게다가 많은 사람이 여기까지 생각이 미치지 못하고 있다.

얼마 전 나는 미국에서 가장 큰 백화점 판매 주임의 사무실에 찾아가 그의 부하 직원이 내가 맡은 다른 도시의 힘든 업무를 도와준 것에 대한 감사를 전했다. 그는 이렇게 말했다.

"내 사무실에는 많은 사람이 상담하러 찾아와 장래에 대해 조언을 해달라고 합니다. 그건 정말 유쾌한 일입니다. 저는 정신없이 바쁜 와중에도 항상 시간을 내서 종업원의 장래에 대해 부모의 입장에서 돌봐줍니다."

이 이야기를 듣고 문득 떠오른 생각은, 돈이 필요한 사람은 돈과 연관된 곳에 가야 한다는 것이었다. 홀로 사막에 있는 것은 목숨을 부지하는 것만으로도 다행이라 재산을 축적할 수는 없다. 따라서 만약 돈이 필요하다면 돈을 가진 사람이나 어떻게 하면 돈이 생길 수 있는지 알고 있는 사람과 만나야 한다. 조금은 엉뚱하게 들릴지도 모르지만 돈이 소비되는 곳으로 가서 돈을 사용할 권한을 가진 사람과 개인적인 친분을 쌓아야 한다.

예를 들어 광고 대리점의 영업사원이라면 광고의 최종 결정을 내릴 수 있는 사람인 사장과 가까워진다면 부하 직원이나 젊은 간부에게 일일이 설명할 시간과 수고를 덜 수 있다. 상품을 파는 판촉사원도 마찬가지로 그보다 더 중요한 것은 자신의 진가를 팔고자 할 때는 더더욱 중역들에게 다가가는 것이 중요하다.

"만약 당신이 누군가를 위해 일하고 있다면 무슨 일이 있어도 그 사람을 위해 최선을 다해야 한다."는 말이 있다. 이 말을 듣고 한때 나와 함께 일하던 사람들의 결점에 대해 생각난 것이 있다. 그것은 일에 대한 열정과 자신이 해야 할 작은 범위의 일 외에는 전혀 흥미가 없는 사람들의 이야기다.

한번은 어느 대기업 중역과 내기를 한 적이 있었다. 그 사람은 신문에도 이름이 자주 실리는 사람이었는데, 그 회사의 지방 영업소 종업원 중에서 그의 이름을 알고 있는 사람이 있을지, 없을지 하는 내기였다. 그런데 그가 사장이라는 사실은 물론이고 이름조차 들은 적이 없다는 사람이 20명이나 있었다. 이 내기는 결국 그가 졌고 자존심에 큰 상처를 입었다. 나는 이 일에 흥미가 생겨 전국 지점망을 가진 다른 여러 회사를 조사해 보았다. 이 지점의 종업원 중에 누구 하나 사장의 이름을 아는 사람이 없었고 본사의 주소지조차 모르는 사람도 있었다.

이것은 '설마' 하고 고개를 갸우뚱할 정도로 의외의 일로 당신도 이상하게 여길 것이다. 하지만 만약 어느 대기업의 하급 사원인 친구가 있다면 실험 삼아 그 회사의 재무담당 중역이나 전무이사의 이름을 한번 물어보라. 그러면 놀랍게도 중역의 이름을 모르는 사람이 너무 많다는 것을 알게 될 것이다. 만약 중역의 이름을 알고 있는 사람이 있다면 그것이 더 놀라울 정도이다. 이것은 과연 무얼 이야기해 주고 있는 것일까? 얼마나 많은 사람이 자신이 몸담은 회사의 제조 부문에 대한 일과 회사 전체의 운영 등에 관심이 없는지를 잘 보여주는 것이다.

눈에
호소하는 힘

옛 선인들은 이렇게 말하였다.

"좋은 책은 지혜의 보고이다. 당신은 언제라도 그 보고를 자신의 것으로 받아들일 수 있다."

그러나 세상에는 책을 읽지 않는 사람이 놀랄 정도로 많다. 희한하게도 사업가는 신문 두세 종류와 사업 관련 잡지 이외에는 읽지 않는 사람이 많다. 또한 다른 직업에 종사하는 사람을 일일이 조사해 보니 대부분 자기 일과 연관된 책과 안내장 정도밖에 읽지 않았다. 내가 여기서 말하는 책이란 전기, 소설, 역사, 과학 등의 책이다. 이런 책 속에는 당신의 업무에 큰 도움을 주는 것이 한두 가지는 있을 것이다.

누구도 지식을 독점할 수는 없다. 지식은 모든 사람의 공유물이다.

게다가 그 지식을 실제로 응용하면 절대적인 위력을 발휘할 수 있다. 많이 읽을수록 사고에 자극을 준다. 만약 활동력이 왕성한 사람이라면 그만큼 힘은 커지는 것이다.

이제 이야기를 돌려 연상이라는 것을 생각해 보자. 먼저 짐을 싸거나 포장하는 것, 고객의 눈에 호소하는 것에 대하여 한마디만 하겠다. 그 목적은 상대에게 암시를 주는 것이다. 식료품, 과일, 채소 등을 파는 상인은 잘 알다시피 상품의 개선이 전혀 없더라도 사람들의 이목을 끌 수 있는 아름다운 포장으로 상품을 높은 가격에 팔 수 있다. 식료품점을 한번 둘러보고 눈길을 끄는 상품을 자세히 관찰해보면 쉽게 알 수 있는 일이다.

포장 불량은 실력이 뛰어난 조리장과 일반 조리사의 차이와도 같다. 실력이 좋은 조리장은 눈에 호소하는 요령을 잘 알고 있어 큰 접시와 작은 접시에 담는 요리를 먹음직스럽고 아름답게 담아낸다. 실력이 없는 조리사는 그런 것은 개의치 않고 아무렇게나 담아낸다.

과거 내 농장의 소작인이었던 이탈리아인은 일본인과의 경쟁이 힘들다는 이유로 계약한 소작 대금의 지급을 꺼렸다. 일본인은 본능적으로 포장을 잘하면 잘 팔린다는 요령을 터득하고 있었다. 그 때문에 셀러리 등을 정성스럽게 씻어 새 상자에 담고, 아름다운 종이에 멋진 문구를 써넣고 포장하여 셀러리의 품질을 높였다. 이탈리아 소작농은 깔끔하지 못한 사내라 채소를 씻지도 않고 지저분한 중고 상자에 넣은 채 팔면서 경쟁상대인 일본인이 시장을 빼앗고 있다고만 투덜댈 뿐이었다.

태평양 연안 서북부의 과수원에서도 마찬가지 예가 있다. 30년 정도 전에는 배와 사과 등은 마차 한 가득히 채워도 20달러에도 팔리지 않았다. 그런데 포장을 깔끔하게 하여 진열하는 수고를 한 사람들은 큰 재산을 축적하였다.

이 포장 문제를 당신 자신을 대입해 생각해 보는 것은 어떨까? 당신은 타인의 눈에 매력을 느끼게 하는 호소력이 있다고 생각하는가? 깔끔한 복장을 하고 있는가? 색채 효과를 알고 있는가? 자신의 모습과 기분에 어울리는 색에 대하여 연구하고 있는가? 평범한 대중 속에서 당신이 두드러져 보이는 특별한 장점이 있는가? 만약 이런 점에 부족함이 있다면 인간적인 면에서의 포장을 완벽하게 하기 위한 배려가 필요하다. 세상 사람들은 일단 용모를 보고 평가한다는 점을 마음속 깊이 새겨두기 바란다.

예를 들어 자동차 메이커나 할리우드 미용사, 유명한 쇼의 연출가 등은 눈에 호소하는 힘에 대해 깊이 연구하고 각각의 조건에 맞춰 상품을 포장하는 사람들이다. 어울리는 포장에 훌륭한 내용물을 염두에 두면 경쟁자에게 질 염려는 없다. 겉모습과 마찬가지로 내용물인 당신 또한 훌륭해지지 않는다면 큰일을 해낼 수 없다. 이 두 가지가 완비된다면 반드시 이기는 사람이 될 수 있다.

The Magic of Believing

마음의
파장

　나는 몇 년 전 시내에 있는 한 소방서 서장과 깊은 친분을 맺게 되었다. 중년의 그는 두려움을 전혀 모르는 남자처럼 보였다. 부하들은 서장이 액막이 기술을 알고 있는 것 같다고 했다. 나는 참고삼아 그의 마음가짐에 대해 알고 싶어 정말로 액막이 기술을 쓰는 거냐고 물었더니, 그는 웃으면서 이렇게 말했다.

　"그걸 기술이라고 해야 할지, 운명론자라고 해야 할지 모르겠네요? 제가 이곳의 서장을 하는 동안에는 부상으로 죽는 일은 없을 것이라 믿고 있습니다. 위험한 곳에 갈 때면 항상 나서서 주변에 흰 원을 그립니다. 그리고 위험할 수 있으니 이 원 안에 아무도 들어가지 못하게 합니다. 이건 제가 어릴 때 이웃에 살던 인디언에게 배운 비법입니다. 별거 아닌 미신일지 모르지만 이 흰 원 속의 영적 빛이 몇 번이고 저를 살려줬는지 모릅니다."

그는 정년까지 근무하고 70살이 넘어서까지 건강하게 살다가 생을 마쳤다.

또한 베이브 루스는 공을 치기 전에 어느 방향으로 공을 보낼지 선언한다. 우측 담장을 넘길지 좌측 담장을 넘길지를 타석마다 선언하였고, 공은 그의 선언대로 날아갔다. 어떻게 그런 일이 가능했는지는 본인 이외에는 아무도 모른다. 이것은 분명 신기한 일이다. 아무리 뛰어난 투수를 상대할지라도, 그는 자신이 원하는 방향으로 공을 날려 보낼 수 있었다. 이런 일이 가능한 선수는 앞으로도 거의 없을 것이다.

태평양전쟁에서 유명한 종군기자 어니 파일이 '죽음의 예고'를 한 것이 떠오른다. 그는 일단 태평양전쟁에 나가면 살아서 돌아올 수 없을 것이라고 예언했고 말대로 되었다. 그 반대로, 군인 중에는 격렬한 포화 속에서도 상처 하나 입지 않고 돌아갈 것이라는 '느낌과 신념'을 품고 출전한 사람들의 이야기도 전해지고 있다. 그리고 그들은 모두 무사히 돌아왔다.

끔찍한 위험을 겪은 사람 중에 앞에서 말했던 흰 원의 영적 빛이 효과가 있다고 믿는 사람은 적지 않다. 아마도 신념의 마술이 아닐까? 자동차 운전을 하는 사람 중에는 사고를 막기 위해 작은 원반을 지니고 있는 사람은 세상에 얼마든지 있다. 그러나 문제는 자동차의 원반이나 흰 원 부적으로 그치지 않는다.

사람의 마음이 일으키는 파동에 의해 다른 사람이 영향을 끼치는 것은 우리의 상상을 초월한다. 예를 들어 우리는 끊임없이 접촉하는 사람으로 인해 크건 작건 감화된다. 남편과 아내는 오랫동안 함께 살면서 서로 닮아가며 상대방의 습성까지 몸에 배게 된다.

갓난아기는 엄마나 양육자 등의 감정이 쉽게 이입되어 쉽게 놀라거나 혹은 엄마나 유모의 호불호에 감염되어 그 성향을 평생 간직하게 된다. 강아지를 키우는 주인의 말에 따르면 동물은 주인의 정서에 감염되어 추잡하기도 하고, 쾌활한 성격에 주인을 잘 따르기도 하고, 때로는 싸움꾼으로, 쉽게 말하면 가장 가까운 사람의 마음을 그대로 받아들인다고 한다.

그리고 정말 조심해야 하는 것은 회사나 가정에서도 부정적이고 소극적인 사람은 주변 분위기를 흩트려 놓는다는 것이다. 부정적인 사람은 주변 분위기를 해치지만, 적극적인 성격은 밝고 부드러운 분위기를 만든다. 또한 이 두 성격이 부딪히면 나쁜 쪽이 이기는 경우가 더 많다.

예를 들어 야만인들 속에서 사는 사람은 야만인이 되는 경우가 있다. 열대 정글에서 농사나 광산 등의 일을 하는 영국인은 주변 사람들에 물들어 야만인이 될까 두려워, 아침이면 반드시 수염을 깎고 저녁에는 정성껏 화장을 하고 정장을 입는다고 한다.

매우 신경질적인 사람이 책임자의 위치에 오르면 주변 사람 모두를 초조하게 만든다. 이것은 신경질적인 매니저가 있는 사무실이나 상점에서 흔히 볼 수 있는 일이다. 이런 정서는 쉽게 사회에 전염된다. 결국 한 단체는 그 단체를 이끄는 사람의 그림자라고 볼 수 있다.

조직이 원만하게 일을 진행하기 위해서는 그 조직원 모두, 더군다나 간부의 사고방식에 동조해야만 하기 때문이다. 조직 안에 심하게 어두운 성격의 사람이 있어 경영자의 생각에 동조하지 않게 되면, 이 어둡고 부정적인 파동을 다른 사람들에게까지 전파해 큰 손해를 입히고 만다.

상자 속 썩은 사과 한 개는 결국 상자 안의 모든 사과를 썩게 하는 것과 같은 이치이다. 그와 마찬가지로 한 명의 여자가 울기 시작하면 방 안에 있는 다른 여자들까지 울게 만들고, 한 사람이 웃으면 다른 사람도 웃게 된다.

그것은
정신의 파장

한 사람이 하품하면 순식간에 하품이 전염된다. 인간의 감정 파동이 어떤 식으로 사람들에게 힘을 미치고, 또한 우리가 어떤 식으로 남에게 좌우되는지는 상상외로 크다.

만약 당신이 명랑한 성격의 사람이라면 어둡고 음산한 사람과 너무 오래 접촉하지 않는 것이 좋을 것이다. 스님이나 목사나 신부님 등 타인의 상담을 들어주는 것을 업으로 삼는 사람 중에 비참한 이야기만 듣는 사람 또한 희생양이 된다. 매일 아침부터 밤까지 고통과 괴로움의 강한 파동의 흐름에 빠져 있으면 아무리 명랑한 성격의 사람이라도 결국 압도당해 어두운 성격으로 바뀌게 된다.

이러한 마음의 파동이 어떤 암시력을 가지는지는 다른 사무실이나 이웃집에 가보면 그곳의 온갖 분위기를 직감할 수 있다. 장소의 분위기는 그 사무실에서 항상 일하고 있는 사람과 그 가정에 사는 사람이 만들어내는 것으로 왠지 모르게 불쾌하거나 어두운 느낌, 아니면 좋은 인상을 받는 등 그 장소의 분위기를 바로 느낄 수 있다.

The Magic of Believing

파장이
미치는 효과

누구나 그 장소의 분위기가 차갑거나 따뜻하다는 것을 느낄 수 있다. 의자나 책상의 배치, 전체적인 색상, 벽과 가구 등의 모든 것이 그 방에 사는 사람들의 생각을 파장으로 전달하여 어떤 식의 사고를 하는 경향이 있는지를 느끼게 한다. 예를 들어 그 집이 큰 저택이거나 초라한 오두막이거나 상관없이 그 집에 사는 사람들의 인격을 알 수 있게 해주는 열쇠는 그곳의 파장이다.

당신이 책임을 지기 싫어하는 타입인지, 결단 내리기를 두려워하는지, 혼자 앞장서기를 싫어하는지 아닌지에 상관 없이 대부분 사람은 소극적인 쪽이다. 그 때문에 세상에는 지도자가 적고 추종자가 많은 것이다. 실수로 잘못된 판단을 하면 큰일이라는 두려움 때문에 꼬리를 내리지만, 결단을 뒤로 미룰수록 그 두려움은 암시의 힘으로 더욱 커지고 그것이 원인이 되어 오히려 큰 실수를 저지르기도 한다.

위인은 대부분 직감력과 축적된 지식과 경험에서 비롯된 순간적으로 마음속에 번뜩이는 생각을 따라 결단을 내린다. 결단을 내리고 행동으로 옮기면 이전에는 난관이라고 여겼던 것이 순식간에 허공으로 사라지는 경우도 있다.

나는 믿음으로 병을 치료하는 사람이 아니다. 그러나 마음의 힘을 잘 아는 사람은 감정이 담긴 생각이 어떻게 인간의 육체를 좌우하고 암시라는 것이 어떻게 병들게 하거나 치유하는지를 잘 알고 있다.

한 종파의 신앙 요법에서는 병 같은 것은 없다고 거부함으로써 치료 효과를 거두고 있다. 그리고 이러한 요법이 효과가 있다고 증언하는 사람들이 상당히 많다.

그리고 다른 종파에서는 병이라는 것이 실존하는 것이 아니라고까지는 말하지 않지만, 그 대신에 환자는 건강하고 기분 좋게 매일매일 좋아지고 있다고 적극적인 암시를 반복함으로써 병을 무시하여 효과를 거두고 있다.

이 두 종파의 어느 쪽이 더 효과가 있는지는 각각의 종파 사람들에게 맡겨둘 수밖에 없다. 제3자의 입장에서 어느 쪽이 더 효과가 좋은지를 결정하는 것은 어려운 일이다. 어쨌거나 환자 개개인의 신념이 얼마나 깊은지에 따라 치료의 성패가 결정된다는 것을 잊어서는 안 된다. 미국에서는 병이라는 것이 세상에 존재하지 않는 것이라며 병을 거부하는 종파의 지지자가 더 많고 회원들도 비약적으로 늘고 있으며 유행하고 있다.

병이나 육체의 고장을 암시에 의해 어느 정도까지 치유할 수 있을지는 정신요법의 각 종파와 의학계에서도 큰 논쟁거리이다. 그러나 미국에서만 수만 명의 사람이 자신의 병이 정신요법으로 완쾌되었다고 확신하고 있다는 것은 틀림없는 사실이고, 더군다나 그 수는 날이 갈수록 늘고 있다.

예로부터 공포와 증오와 근심 등은 육체적 병의 원인이 되고, 때로는 목숨을 잃는 경우도 많다. 하지만 여전히 이런 사실을 인정하지 않는 의사들이 많다.

수년 전 『라이프』지의 '정신 신체 의학' 이라는 제목의 기사에 따르면 제2차 세계대전 중에 군인의 질병 중 40%가 정신 신체 요법을 처방해야 한다고 주장하고 있다. 이 기사에 따르자면 알레르기, 천식, 심장병, 고혈압, 류머티즘, 관절염, 당뇨병, 전염병 및 온갖 피부병, 예를 들어 사마귀, 두드러기, 그 밖의 알레르기성 질환 등은 직접적인 감정의 격돌, 혹은 감정이 병세를 악화시키는 육체적 고장에서 비롯된다고 지적하고 있다. 이 의료법은 감정의 동요를 일으키는 원인을 찾아 그것을 제거하는 것이다.

정신 치료가와 정신분석 의사들이 전시에 온갖 실험을 한 결과를 통해 살펴보면, 의료 치료와 정신요법 두 가지를 포함한 전반적인 문제는 종래의 요법을 바탕으로 수정하여 심리적인 치료법과 더불어 활용하면 놀라운 성과를 거둘 수 있게 되었다.

The Magic of Believing

자신의 힘으로
정신 치료가 가능하다

정신 치료를 연구하는 사람들 사이에서 의견일치를 이루고 있는 것은 병을 고치는 힘은 치료자의 처치보다는 오히려 환자 본인의 마음가짐에 달려 있다고 한다. 다시 말해 치료자가 간단한 정신 치료요법이나, 다른 어떤 특별한 종교적 신앙에 의한 방법을 취하는지와 상관없이 설령 어떤 치료방법이든 간에 환자의 병이 그에 의해 고쳐지는 것이 아니라는 것이다. 그보다는 그 처치가 암시되어 환자 스스로 자신의 잠재의식에 자기 암시를 보내고 잠재의식의 위력에 의해 치료 효과가 드러나는 것이다.

이런 내 생각에 반드시 반대하는 사람이 있을 것으로 생각한다. 그러나 환자가 치료자로부터 받은 암시를 신용하지 않는다면 결코 효과를 얻을 수 없다는 것은 누가 보더라도 틀림없는 사실이다. 그러므로 치료 효과를 거두기 위해서는 치료자와 환자는 최면술에서의 시술자와 피시술자와 마찬가지로 일종의 깊은 유대관계가 필요하다.

내 이론에 따르면, 암시에 의지할 수 있는 사람이라면 누구라도 치료자의 힘을 빌릴 필요 없이 자신의 힘만으로 같은 결과를 얻을 수 있다. 단, 확실한 신념에 강력한 암시여야 한다. 따라서 앞 장에서 설명했던 것처럼 카드나 거울을 이용하여 암시력을 강화하면 큰 효과를 기대할 수 있다.

최근 여러 대학에서 이루어지고 있는 연구와 실험, 그중에서도 특히 듀크 대학의 J.B 라인 박사가 지도하고 있는 실험 결과 등에서 텔레파시와 사상의 전달 등의 정신 현상은 새롭게 사람들의 흥미를 자극하고 있다.

미국과 영국의 심층 심리학회에서는 텔레파시와 투시 등의 일류 학자들의 연구가 왕성하게 이루어지고 있으며 기록들 또한 자세하다. 그럼에도 불구하고 여전히 텔레파시란 있을 수 없다고 비웃는 사람들도 많다.

성경을 믿는 수많은 사람이 성경 안에 적혀 있는 수많은 투시와 텔레파시 등의 예를 돌아보지 않고 그런 현상은 있을 수 없다고 단언하는 것은 참으로 희한한 일이다.

세상의 일반 사람들이 이 문제에 대한 의심을 떨쳐내지 못하고 있더라도 손꼽히는 과학자들은 텔레파시가 가능하다는 것은 두말할 필요가 없고, 그것을 이해한다면 수많은 사람이 이용할 수 있는 유용한 방법이라고 주장하고 있다. 또한 이 문제에 대해 영국과 미국의 심층 심리학자들의 발표와 라인 박사의 실험 결과 등을 바탕으로 더 많은 새로운 사고와 실험 등을 실은 책이 출판되고 있다. 업턴 싱클레어의 『마음의 라디오』 등은 흥미로운 책 중의 하나이다.

The Magic of Believing

라인 박사의
실험 보고서

듀크 대학 라인 박사의 실험이 발표되자, 그것은 우연의 일치에 불과하다는 온갖 반대의견이 뒤따랐고, 개중에는 막대한 돈과 시간을 들여 텔레파시는 존재하지 않는다고 역설한 사람도 적지 않았다. 그러나 듀크 대학은 물론이고 모든 대학에서는 반대 의견을 무시한 채 계속해서 실험을 진행하였다.

1946년 8월, 미국의 주간지에 실린 라인 박사의 '인간에게 정신이 있다는 과학적 증명'이라는 제목의 논문을 알고 있는 사람이 적지 않을 테지만, 여기서 다시 한번 원문을 그대로 인용하기로 하겠다.

'현재의 과학은 인간의 정신을 어떻게 보고 있는가? 이 질문에 대한 대답은 당연히 심리학의 범주이다. 왜냐하면 심리학은 정신의 과학이기 때문이다. 그러나 여기서 우리를 놀라게 하는 것은 인간의 정신을 탐구하거나 그것에 대한 이론을 구축하는 것은 사실상 심리학 문헌에서 완전히 생략되어 있다는 사실이다.

정신이란 것은 인간의 두뇌에서 독립된 별개의 존재라는 주장은 많은 심리학자들의 비웃음만 살 것이 분명하다. 현재의 학설에 따르면 모든 것은 물리적으로 설명할 수 없다면 진실이 아닌 게 된다. 정신은 영적이고 비물질적임에 틀림없다고 여겨지지만, 지금의 수많은 학설은 그러한 것은 절대로 있을 수 없다고 단정하고 있다.

따라서 위와 같은 생각―두뇌에서 독립된 정신이 존재한다는 생각―은 미신으로 치부되어 받아들여 지지 않고 있다.

물리학의 법칙은 우리가 '심적'이라고 부르고 있는 모든 것들을 설명할 수 있다고 여겨지고 있다. 물리학은 그러한 기세로 오늘날까지 성장할 수 있었다. 그리고 미래에도 그 길을 계속 지향할 것이라고 여겨진다.

그런데 인간이라는 존재를 물질적으로만 해석하면 근본적으로 전혀 설명할 수 없는 몇몇 현상이 발생하고 있다는 사실이다.

가족이나 친척, 친구 등이 죽는 끔찍한 꿈을 꾸다 깬 경험을 했다는 사람이 많다. 그리고 이 충격적인 마음의 영상은 그대로 현실에서 일어났다는 것을 나중에 알게 되는 경우가 있다. 더군다나 시간적으로도 거의 일치하고 죽은 사람에게서 1,000마일이나 떨어진 곳에 살고 있던 사람도 있었다.

또한 특정한 몇몇 사례가 보여주듯이 꿈을 꾸고 몇 시간 뒤, 혹은 며칠 뒤에 그 꿈이 그대로 실현되는 경우도 있으며 그러한 현상은 우리가 가장 불가사의하게 여기는 점이기도 하다. 게다가 매우 상세한 부분에 있어서 그 사건이 일어나기 전에 마음의 영상에 나타나거나 예감을 느끼기도 한다.

물론 이러한 현상에 대하여 일반 사람들은 그런 느낌이 단순한 우연의 일치라고 여기는 것이 보통이다. 그런 안이한 생각에서 한발 더 나아가 보다 확실한 설명을 추구하고자 하는 사람은 거의 없는 것 같다.

그러나 다행히도 소수의 사람은 그 진실을 추구하고 밝히기 위해 노력하고 있다. 그리고 그러한 현상들을 무수히 다루며 연구를 하다 보면 그것이 우연의 일치라는 피상적인 관찰만으로는 끝낼 수 없게 된다. 이것을 과학적으로 연구하기 위해서는 이러한 현상 뒤에 어떤 비밀이 감춰져 있는지를 찾아내는 작업부터 시작해야 할 것이다.

많은 사람이 흔히 말하는 이 '영적'인 체험을 하는 것은 정신이라는 것이 시간과 공간을 초월하여 작용한다는 것을 증명하는 것이라고 여길 수 있다면, 그것은 분명히 물리학적인 법칙으로는 설명할 수 없는 문제가 된다. 정신은 더 이상 물리적 계통에 속하기보다는 오히려 영적인 것이 된다. 덕분에 정신이라는 것의 단서를 찾을 수 있게 된다. 물론 단서라는 것 일뿐, 그 이상 무엇도 아니다. 하지만 이것으로 신뢰

할 수 있는 확증을 얻기 데 필요한 첫 번째 수단이 될 단서를 얻게 된 것이다.

ESP 테스트는 이상과 같은 '영적' 체험을 대상으로 이루어진다. ESP란 오감을 초월한 감각(Extra Sensory Perception)의 약자로 텔레파시와 투시 등도 이에 해당한다. 바꿔 말하자면 텔레파시와 투시는 눈과 귀처럼 우리가 현재 가지고 있는 감각기관의 힘을 빌리지 않고 현상을 감지하는 것이다. 텔레파시를 실험하는 방법은 실험 대상자가 끊임없이 옆방에 있는 누군가가 마음속에 생각하고 있는 트럼프의 숫자, 혹은 그 이외의 어떤 기호를 맞출 수 있는지를 실험하는 것이다. 투시 시험은 텔레파시와 달리 대상이 물체 그 자체이고 평범한 카드이다. 상대가 어떤 카드를 생각하고 있는지와 같이 상대를 통하는 간접적인 것이 아니다. 사물 그 자체를 피실험자가 인지하고 맞추는 것이다. 한마디로 말하자면, 텔레파시는 다른 사람의 마음 상태인 EPS, 투시는 물체의 EPS인 것이다.

듀크 대학에서는 1934년에 심리학자들이 모여 텔레파시와 투시 이 두 가지 사항에 대한 EPS 실험에 착수했다. 이 사건은 영국 왕립협회의 위대한 심리학자 W. 맥두걸 박사에 의해 시작되었다. 박사는 당시 듀크 대학의 심리학과장이었다. 이 심층 심리 연구 작업은 훗날 파라사이콜로지(Parapsychology: 초심리학)라 불리는 실험실에서 이루어졌는데, 이런 종류의 실험으로서는 처음이 아니었다. 이런 실험은 이전에도 각 지역과 각 대학에서도 많이 이루어져 왔고 이미 50년 전부터 진행되어왔다. 그러나 듀크 대학처럼 수년에 걸쳐 체계적이고 연속적으로 이 주제를 다루는 실험은 없었다. 흔히 말하는 '영적'인 문제에 대하여 적극적이고 지속해서 안심하고 연구할 수 있었던 곳은 듀크 대학이 처음이었다.

심층심리연구 실험에서는 텔레파시와 투시 이 두 가지 ESP를 부정할 수 없다는 결론을 내리기에 충분한 새로운 증거를 찾아냈다. 연구자들은 새로운 실험 방법을 고안하여 그 기준에 따라 쉽게 실험을 반복할 수 있도록 하였다.

덕분에 ESP 실험은 미국은 물론이고 외국의 모든 연구소에서도 폭넓게 이루어지게 되었다. 조금이라도 감각에 의존한 암시가 끼어들거나 그 외의 착오가 끼어들어 실험 성적에 영향을 미치지 않도록 세심하게 준비되었다. 그리고 실험 성적은 오래전부터 인정받고 있는 정식 통계 방식을 이용하기 때문에 실험 결과는 제대로 평가받을 수 있었다.

다시 말해 실험 결과에 대한 채점 방법은 우연의 일치와 실험상의 그 어떤 결함으로 인해 좌우되지 않도록 정밀하게 이루어졌다. 이 점에 대해서는 명확하게 입증할 수 있으며 그 어떤 의심의 여지도 없다.

ESP가 실제로 존재한다는 것을 확실하게 입증하고 만족스러운 실험 결과를 얻을 수 있었기에 연구자들은 곧바로 가장 중요한 다음 문제의 연구를 시작하였다. 그것은 ESP의 성능이 물리학계와 어떤 관계가 있는지를 검토하는 것이었다. 텔레파시와 투시가 확실하게 물리학적 법칙을 따르는 것인지 아닌지에 대한 점과 그런 질문에 대한 해명이었다. 혹은 지금까지 세상에 전해져온 흔히 말하는 '영적' 체험이 물리학의 법칙으로 이해할 수 있을지 없을지에 대한 점이다.

다행히도 ESP와 공간의 관계에 대한 실험은 간단하였다. 예를 들어 카드가 놓여 있는 장소와 카드를 맞추는 사람을 멀리 떼어 놓고 과연 ESP로 맞출 수 있는지를 실험해 보고, 다시 가까운 거리를 두고 실험한 결과를 비교해 보면 쉽게 알 수 있는 것이다. 그런데 텔레파시와 투시는 둘 다 장거리에서 실험한 결과와 단거리에서의 실험 결과가 똑같이 좋은 성적을 올리고 있다. 가까운 거리든 약간 멀리 떨어진 곳이든 혹은 수백 마일 떨어진 곳이라도 실험이 증명해 준 것처럼 ESP의 작용은 거의 차이가 나지 않았다. 이 실험에 있어서 각도나 장벽, 그 밖의 물리적 조건도 ESP의 실험 성적에서는 모두 똑같이 아무런 영향력도 미치지 않았다.

그렇다면 시간에 대해서는 어떨까? 만약 공간이 ESP에 아무런 영향을 주지 않는다면 시간 또한 어쩌면 영향을 주지 않을 것이라고 추론하였다. 미래에 관한 ESP 실험, 다시 말해 예견(보통은 예언이라 한다.)은 정규 ESP 실험에 근거하여 쉽게 끌어낼 수 있다. 멀리에서 초감각적으로 카드를 훌륭하게 맞춰낸 사람들을 피실험자로 선택하여 한 쌍의 카드를 섞은 뒤 카드의 순서가 어떻게 될지를 예언하는 것이다.

먼저 예언을 하고 기계로 섞은 한 쌍의 카드를 조사해 보니, 그 순서는 예언 그대로 적중하였다. 먼저 카드를 섞은 다음 그 카드들의 순서가 어떻게 되는지를 맞추는 것과 전혀 다르지 않았다. 10일 뒤 섞여질 한 쌍의 카드 순서는 20일 뒤에도 전혀 틀리지 않고 예언은 적중하였다. 먼저 카드의 순서를 예언한 뒤 몇 시간, 혹은 며칠이 지난 뒤에 카드를 섞는 방식으로 미래라는 시간을 두더라도 카드를 미리 섞은 뒤에 맞추는 것과 완전히 똑같거나 처음 실험에 있어서도 거리의 원근에 있어서 아무런 차이가 없었던 것과 마찬가지였다.

이러한 실험 결과를 미루어 볼 때, 단 하나의 결론밖에 내릴 수 없었다. 다시 말해 인간의 마음은 이러한 '초감각적 인지능력'이라는 놀라운 능력에 대해서는 물리적 세계에 존재하는 시간과 공간의 한계를 어떤 경로를 통해서인지는 모르겠지만 초월하고 있다는 사실이었다. 이 실험은 다른 연구소에 있는 남녀 연구원들의 실험에 의해 확인되었다.

이로써 인간의 마음은 분명히 우리가 알고 있는 물리학의 범위에 속하지 않은 특성을 가진다는 것이 틀림없는 사실로 확인되었다. 시간과 공간이 물리적인 것의 확실한 표시이고, 마음은 당연히 물리의 범위를 초월한 것이기 때문에 본질적으로 영적인 것이 아니면 안 된다. 그리고 우리 인간이 '영혼'이라 부르는 것의 의미를 생각해 볼 때, 그것은 비물리적이거나 영적인 본질을 가지고 있다는 증명이다. 이 ESP 실험은 영혼이 존재한다는 것을 입증해 준 것 같다.

이 사실에 대해 일부 사람들은 영혼의 문제를 해명하는 아주 작은 첫걸음을 내디뎠을 뿐이라고 생각할 것이다. 분명 우리는 이 소견에 대하여 과장되게 생각해서는 안 된다. 사실 우리는 영혼에 관한 아주 작은 실마리를 잡은 것에 불과하다. 물론 이러한 연구에서 확인했던 것 이상으로 영혼의 종교적 관념에는 여전히 수많은 것들이 존재하며 많은 문제가 남겨져 있다.

영혼은 육체를 벗어나 존재할 수 있는가? 다시 말해 육체가 죽은 뒤에도 존재할 수 있을까? 만약 실제로 존속한다면, 육체를 잃은 영혼이 살아 있는 사람들과 교류할 수 있을까? 아니면 어떤 힘을 끼칠 수 있을까? 우주의 영혼이나 신 등에 대한 문제를 어떻게 생각할 것인가? 영혼과 영혼의 교류는 어떤가? 특히 인간의 영혼과 신의 영혼끼리 교신이 가능할까?

이러한 것들과 종교적 교리 외에도 수많은 근본적인 중요점에 대하여 본 논문에서 위와 같이 논하고 있는 것에 대해서는 아직 전혀 다루지 못하였다. 단, 여기서 결론을 내릴 수 있는 것은 인간을 물리적으로만 보는 견해가 유물론이 탄생하고 지금까지 지식 계급 사이에서 늘고 있고 일반에게도 퍼지고 있지만, 이제 그 근거를 완전히 잃게 되었다는 것이다.

결론은 그것뿐이다. 거기에는 무언가…, 어느 정도인지 아직 우리가 모르고 있다고 하더라도…, 어떤 물리의 범위를 초월한 것이 인간에게 는 틀림없이 존재한다는 것이다.

인간의 생명에는 시간과 공간의 법칙에 지배를 받지 않는 일련의 실 체가 존재하게 된다.

그리고 가까운 미래에 이 문제를 확실하게 규명될 가능성이 크다고 예견할 수 있을 것이다. 그것을 인정하는 것은 매우 중요한 장래성을 갖는다는 것을 의미한다고 생각한다.

사람의 영혼에 대한 이론은 장래의 종교 문제에 대하여 더 많은 것 을 구축할 수 있는 소지를 제공하는 것으로 생각한다. 인간에 관한 정 신과학이 처음으로 구축한 소중한 초석을 우리는 여기서 확인한 것 이다.

과학연구를 앞으로 더 많은 방법으로 진행하여 인간의 인격과 그 본 질과 운명 등에 대하여 가능한 한 많은 사실을 밝혀내야 하고, 그것은 남겨진 큰 숙제이다. 간단히 말하자면, 종교의 범위 내에서 다루어지 고 있는 수많은 문제점을 다루어 위에서 발했던 것과 같은 방법으로 연구를 진행해 나가는 숙제가 남겨져 있는 것이다.

종교에 대하여 깊이 파고들어 실험하는 것에 대하여 정통파 종교 지 도자들의 강한 반발에 부딪히던 시대가 있었다. 지금도 여전히 종교인 들이 순수한 신앙의 영역이라고 여기고 있는 곳에 과학이 연구의 손길을 뻗치는 것을 매우 꺼리는 보수성향의 사람도 적지 않다. 또한 깊은 신앙심을 가진 현대인들은 인간의 마음에 관한 문제에 대하여 구체적인 지식을 갈망하는 사람도 적지 않다. 게다가 우리가 현재 가지고 있는 지식 저 너머에 펼쳐져 있는 가능성은 더 구체적으로 알고 싶어 하고 있다.

놀랍게도 우리의 연구에 대하여 가장 큰 반대 목소리를 낸 것은 정통파 과학자들이었다. 과학계의 보수 진영은 자연계가 두 개로 나뉘는 것을 두려워하고 있다.

정신과 육체의 이원적인 형태로 나뉘는 것을 혐오하고 있다. 그러한 이원성을 시사하는 실험이라면 어떤 연구에도 눈길을 주려 하지 않는다. 하지만 그 우려의 밑바탕에는 어떤 근거도 없다. 왜냐하면 우리가 지금 확인하고자 하는 것처럼 설령 인간이 영혼과 육체의 근본적으로 서로 다른 두 가지를 가지고 있다고 하더라도, 그 둘은 어떤 의미에서는 여전히 융합되어 있기 때문이다.

이 둘은 상호 작용을 하고 있다. 따라서 이 둘 사이에는 무언가 공통된 것이 틀림없이 있을 것이다. 만약 이 둘이 모든 점에서 서로 다르다면, 이 둘은 서로 영향을 주지 않을 것이다.

따라서 거기에는 무언가 감춰진 실재의 세계, 다시 말해 우리가 알고 있는 물리적이고 정신적인 그 어떤 것도 아닌 것이 어쩌면 실재하고 있으며 그 주변에는 정신과 육체, 혹은 영혼과 물리의 현상이 근원적으로 발생하고 있지 않으면 안 된다고 생각할 수 있다.

정신과 물질을 초월하여 존재하고 있는 이 피안의 영역은 완전한 미지의 세계로 남은 채 마치 콜럼버스가 발견한 미 대륙처럼 침묵한 채 미래의 운 좋은 탐험가를 기다리고 있다. 게다가 현재의 지식과 신앙을 근거로 만들어진 항로표의 권위에 의문을 품고 그것을 실험적으로 테스트하고자 계획하고 있는 사람들은 위대한 용기로 접근해야 할 필요성이 있다.

수많은
지지자

나는 몇 번이고 심령연구 모임에 참가하였다. 참가자 중에는 이 문제에 대한 믿음이 없는 사람, 다시 말해 이런 모임에서 진행되는 현상을 비웃는 사람이 있는데 그 사람의 사고 파장이 적대적인 분위기를 자아내게 된다면 당장에 실험을 중지해야 하는 경우가 있다. 물질주의자인 회의론자들이 이런 이야기를 들으면 비웃을지도 모르겠지만, 나는 큰 모임에 참가한 사람 중에 단 한 명의 훼방꾼 때문에 그 모임은 엉망진창이 되어 주최자의 노력이 허사되는 경우를 본 적이 있다.

사고력에 대한 이론을 잘 알고 있는 사람이라면 이런 실험에 동의하지 않는 사람에게서 발생하는 파장이 어째서 실험 전체를 방해하는지를 잘 알 것이다. 이 점에 대해서는 라인 박사의 실험을 통해서도 입증된 사실이다.

박사의 사이코키네시스(물리현상, 염력으로 물체를 움직이는 힘.)의 실험에서 보더라도 만약 피실험자의 눈앞에 방관자가 있어 피실험자의 주의를 다른 곳으로 끌어 실험 성적을 저하하려고 한다면, 성적은 반드시 기대 이하로 떨어질 것이다. 반대로 피실험자가 단독 혹은 중립이나 동정적 방관자가 참석하고 있을 때의 점수는 상당히 높아진다.

참고로 말하자면 에디슨, 스타인메츠, 테슬라, 마르코니 등을 비롯한 대부분의 전기 과학자들은 텔레파시의 열광적 지지자였다. A. 카레일 박사는 텔레파시를 믿었고, 이런 연구는 생리학과 마찬가지로 과학자가 연구해야 마땅하다고 여겼다.

런던의 심리 연구학회에서 20년 동안의 연구 끝에 텔레파시는 실재한다고 협회장이 발표하였다. 그리고 많은 대학에서 진행된 실험 끝에 텔레파시를 입증하는 발표가 속속 이루어졌음에도 불구하고 이런 종류의 연구 소견을 인정하려 하지 않는 과학자도 여전히 많다.

다른 한편에서는 자기 방식대로의 연구를 진행하는 사람도 점점 늘어나고 있다. 그중에는 사람들로부터 사기꾼이라는 의심의 눈초리를 받는 사람들도 있다. 그러나 나로서 본다면 이런 종류의 연구를 경시하는 사람들은 그들 자신의 견해 또한 공정하지 않고, 이 현상에 흥미를 가진 사람에 대해서도 공정한 태도를 보이고 있다고 여겨지지 않는다. 왜냐하면 이런 종류의 연구를 진행하다 보면 우리가 지금까지 상상조차 하지 못했던 위대한 발견에 도달하게 될지도 모르기 때문이다. 처음부터 없었던 게 아니라 알지 못했기 때문에 간헐적으로 연구를 해 왔던 사람들에 의해 위대한 발견을 할 수 있었다.

The Magic of Believing

텔레파시의
실례

말이나 개를 좋아하는 동물 애호가, 그중에서도 특히 말이나 개를 키워봤던 사람들은 동물과 사육자 사이에 텔레파시가 존재한다고 강조한다.

과거 한 회사의 중역이 내게 이런 말을 해 주었다. 오랫동안 자리를 차지하고 있는 손님에게 마음속으로,

"이제 돌아가시오. 어서."라고 하면 머지않아 손님의 엉덩이가 들썩거리고 시계를 보면서 의자에서 일어나 모자를 집어 들고 돌아간다고 한다.

가정에서도 손님이 너무 오래 머무를 때면 똑같이 할 수 있다. 돌아가기를 바란다면 마음속으로 "이제 돌아가세요. 어서." 라고 하면 손님

은 방을 한 번 둘러보며 시계를 찾으며 말을 한다.

"이제 슬슬 가야겠군요."

의심이 많은 사람은 이런 이야기를 듣고도 그것은 텔레파시와 아무런 관계가 없는 일이라고 할 것이다. 주인의 표정, 태도, 피곤해 보이는 모습 등이 손님에게 이제 일어서야 할 때는 것이라고 말할 것이다.

그러나 만약 그런 의심이 든다면 마음속으로 '어서 돌아가기를 바라고 있다는 생각'을 상대에게 들키지 않도록 말과 표정 등에 주의를 하며 실험해 보기를 바란다. 바로 알게 될 것이다. 손님이 주인에게 무언가 양해를 구하고 싶어 할 때나, 혹은 논쟁에서 이기려고 필사적일 때는 그 효과가 발휘되기 어렵겠지만 대화가 끊어지는 순간을 노려 시험해 보면 예상 밖의 효과를 거두게 된다.

몇 년 전 나는 큰 빌딩 2층에 사무실을 가지고 있었다. 그 후로 나와 연관된 회사와 함께 10층으로 사무실을 옮겼다. 나는 엘리베이터를 타면 "10층!"이라고 엘리베이터 운전사에게 말한다. 그리고 곧바로 2층쯤에서, 2층에서 나와 관계가 있었던 모든 회사를 생각해 본다. 그러면 내 얼굴을 모르거나 나 또한 잘 모르는 운전사가 엘리베이터를 2층에서 멈춘 뒤 나를 돌아보는 경우가 왕왕 있었다.

태평양 연안에 사는 한 저명한 목사 중에 심리 현상을 열심히 연구하는 사람이 있다. 그는 내게 이런 말을 해 주었다.

"교회에 꽃이 필요할 때에는 신자 중 한 명에게 간단하게 마음속으로 전달합니다. 그러면 반드시 꽃을 가져다줍니다. 또한 교회의 '기념 창문'이 하나 더 필요하다는 생각이 들었을 때에도 마음속으로 그 모습을 연상하면 누군가 반드시 만들어 주었습니다."

R. C 앤드루 씨는 라디오 방송에서 진귀한 우연의 일치가 일어났다고 말했다. 한 미국 작곡가가 신곡을 발표하였는데, 완전히 똑같은 곡이 며칠 전에 독일에서 발표되었다는 충격적인 내용이었다. 처음부터 끝까지 완전히 똑같은 작곡이 되었다는 것은 멀리 떨어진 곳에 있는 사람이 동시에 같은 생각을 했다는 수많은 이야기 중에서도 특히 이례적인 일이다.

미국 서해안에 사는 나는 과거 동부의 출판업자에게 원고를 보낸 적이 있는데, 내 원고와 비슷한 소재를 다룬 원고를 동부에 사는 다른 사람에게서 조금 전에 받았다는 통보를 받은 적이 있다.

A. G 벨이 전화를 발명하였을 때, E. 그레이도 똑같은 것을 생각했다고 주장했던 것은 유명한 이야기이다. 문학자, 발명가, 과학자, 기술자, 작곡가 등 사이에서는 서로 같은 착상이나 발견을 하였다는 이야기를 자주 들을 수 있다.

생각은
실현된다

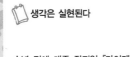 **생각은 실현된다**

수년 전에 대중 잡지인 『다이제스트』 풍의 잡지에 시카고에서 과학자들이 개
미 실험을 한 기사가 실렸다. 희귀한 암컷 나방을 밀실에 가두고 같은 종류의
수컷 나방을 4마일 떨어진 곳에 방치하였는데, 몇 시간이 지나자 수컷은 암컷
이 갇혀 있는 밀실 유리창으로 날아와 날갯짓하였다고 한다. 그 잡지 기자는
생물의 사고라고 하는 것은 먼 곳까지 전달되는 것이 틀림 없고, 암컷 나방이
자신이 있는 장소의 모든 장애물을 초월하여 단 한 마리의 수컷과 교신하였다
고밖에 생각할 수 없다고 하였다.

동물계의
텔레파시

새는 텔레파시와 투시력이 있는 것으로 여겨진다. 다음과 같은 간단한 실험이 놀랍게도 그것을 증명해 주고 있다. 미국에서 새가 거의 없는 계절에 정원에다 빵부스러기를 뿌려준다. 눈으로 보기에는 한 마리의 새도 없었다. 그런데도 우리가 막 집에 들어가려는 찰라에 이미 여기저기서 새들이 모여들었다. 처음에는 참새와 굴뚝새, 울새 그리고 2, 3분 뒤에는 정원에 다양한 종류의 새가 가득 모여들었다. 먹이가 될 수 있는 것이 아니라면 정원에 무얼 놓아두더라도 단 한 마리의 새도 날아오지 않는다. 무엇이 새를 정원으로 끌어모은 것일까? 빵이 먹이라는 것을 새들은 어떻게 알 수 있는 것일까? 현재의 과학으로는 이에 대한 분명한 대답을 내놓지 못하고 있다. 수년 전에 곤충학자 E.C 힐은 나비 연구에 대한 방송을 하면서 과학자의 연구가 진척되면 새나 곤충도 각각의 특수한 무선전파나 혹은 어떤 특별한 교신 방법을 지니고 있다는 결론을 내릴 수 있을 것이라고 했다. 그런 이야기는 자연 연구가들이 오래전부터 주장했던 것으로 이 문제는 많은 책에서 다루고 있다. W.J 롱 씨의 『동물은 어떻게 대화를 나눌까?』 등의 저서는 유명하다. 얼마 전 전쟁 중에 미국 육군 통신부대가 전서구(비둘기르 이용한 통신)와 단파 라디오 실험을 한 보고서에 따르면, 비둘기는 라디오 단파로 인해 방향을 잃고 몇 번이고 원을 그리며 선회한 끝에 행방불명이 되었다고 한다.

캘리포니아주의 제비는 반드시 10월 23일에 어디론가 날아갔다가 3월 19일에 반드시 돌아온다. 또한 이름표를 달고 컬럼비아강 주변에서 방사한 연어는 태평양에서 4년을 지낸 뒤 반드시 방사된 곳으로 돌아온다. 개와 고양이는 주인의 집에서 몇 마일 떨어진 곳에 풀어놓아도 대부분은 집으로 돌아온다. 오리나 기러기도 원래 살던 곳으로 돌아온다. 그 밖에도 여기서 열거할 수 없을 만큼 많은 불가사의한 일들이 자연계에서 일어나고 있다.

물고기, 새와 짐승 등 우리가 알고 있는 모든 생물에 진동파나 천리안의 힘이 작용하고 있는 것은 아닐까? 모든 생물은 서로 교신하는 능력을 갖추고 있다고 주장하는 사람이 적지 않다. 예일 대학에서 진행된 투시와 텔레파시 실험을 볼 때 전혀 상상할 수 없는 일은 아니다.

얼마 전 전쟁에서 눈을 잃은 사람들이 '안면 시력'이라는 이야기를 라디오에서 방송하였다. 그들은 앞에 놓여 있는 장해물을 제6감으로 감지한다. 다시 말해 정신의 레이더를 사용하여 알 수 있다고 한다.

전쟁에서 눈을 잃은 사람들에게 제6감의 사용방법을 가르치는 보스턴시의 심리학자 J. 리바인 박사는 제6감이라는 것이 어떤 것인지 자세하게 알 수 없지만 활용할 수 있다는 것은 분명하다고 말했다. 이 '안면 시력'은 사람의 몸이 아직 밝혀지지 않은 몇몇 종류의 광선을 발산하여 전방의 물체에 부딪혀 그 주변에 모여 영상을 만들고, 그 영상을 깨뜨리지 않은 채 시각장애인의 몸으로 돌아와 그 광선의 자극이 시각장애인의 피부에 전달되어 '보는' 것이 가능하다는 가설을 세우고 있다. 텔레파시와 사상의 전도 등의 여러 가지 것들이 세상에 알려진 것 이상으로 우리의 일상생활에서 사용되고 있다. 나는 예로부터 그러한 것들을 믿었던 수많은 지도자, 설교가, 웅변가, 회사의 간부, 영업사원 등이 스스로 자각을 하고 있든 아니든 상관없이 조금씩이나마 그 힘을 이용하고 있다고 생각한다. 우리는 모르는 사람을 만나 단 한마디도 하지 않아도 그 사람에 대한 호불호를 느낀다. 이렇게 첫인상을 느끼는 것이 바로 생각의 교신이 아니겠는가? 정신 치료와 먼 곳으로부터 타인에게 힘을 미치는 등의 것은 그렇게밖에 달리 설명할 방법이 없다. 이런 것에 대하여 인류는 최근 들어서야 비로소 과학적으로 설명이 가능해지기 시작했다.

신비한
영향력

　내가 알고 있는 어느 유명한 변호사는 편지를 쓸 때면 항상 실내를 이리저리 배회하는 습관이 있다. 나와도 관계가 있던 한 사건 때문에 그 사람의 사무실을 찾아간 적이 있는데, 그때마다 의자에 앉아 그의 행동을 유심히 관찰했다. 그의 정신 집중력은 매우 뛰어나 편지를 구술할 때는 항상 서서 하였다. 그 이유가 나는 궁금했다. 왜 서서 하는지 그리고 그 편지는 어째서 항상 상대를 승복시킬 수 있는지를 묻자 그는 이렇게 대답해 주었다.

　"나는 서 있는 편이 더 집중이 됩니다. 구술하기 전이나 구술하고 있는 동안에도 편지를 보낼 상대의 모습을 눈앞에 영상으로 연상합니다. 만약 만난 적이 없는 상대라면 아마도 이런 모습을 하고 있을 것이라 상상하며 그 모습을 눈앞에 떠올립니다. 어떤 상황이든 마치 상대가 실제로 눈앞에 서 있다고 생각하며 곧장 그 상대를 향해 본인의 생각이 완전히 정리된 것처럼 정신을 집중하려 노력합니다. 내 생각이 옳기 때문에 상대는 아무리 발버둥 치더라도 따를 수밖에 없다는 것을 정신을 집중하여 상대에게 알리는 겁니다."

하루는 책 방문판매를 하는 한 부인이 내게 이런 이야기를 해주었다. 자신의 고객 중에 부유한 고객이 있는데, 그는 항상 두 가지 책 중 어느 것을 고를지 고민했다고 한다. 어느 날 그녀는 상대를 마음속으로 생각하면서 암시를 했다고 한다. 그 사람에게 팔 적당한 책의 제목을 마음속으로 몇 번이고 되뇌이며 '이 책을 살거야, 이 책을 살거야.'라고 상대의 생각을 움직이려고 노력하자 놀랍게도 효과가 있었다고 한다. 그녀는 이 암시의 기술을 이용해 놀랄 만큼 판매 실적이 올랐다고 한다.

또한 어느 자동차 판매회사의 임원도 이런 이야기를 해주었다.

"예비 고객이 있고 그 사람의 재력이 충분하다는 생각이 들 때는 항상 마음속으로 '당신은 이 차를 반드시 살 겁니다. 이걸 틀림없이 살 겁니다.' 라는 생각을 되뇌면 그 손님은 반드시 그 차를 삽니다."

물건을 사거나 어떤 일을 시작하려고 할 때, 상대가 자신의 마음속을 몰래 들여다보며 마음을 움직였다는 것을 안다면 누구라도 유쾌한 생각이 들지 않을 것이다. 그러나 실제로 우리는 모두 미묘한 영향을 받으며 사회생활을 하고 있다. 이러한 능력을 텔레파시라고 하든 무엇이라 부르든 상관없이 세상에는 이 처럼 보이지 않는 힘이 항상 존재하고 있기 때문에 그 힘을 이용해 보면 그것이 얼마나 강력한 효과가 있는지 바로 알게 될 것이다.

The Magic of Believing

신비한
영향력의 이용

어머니는 이 힘을 자식에게 사용하고 자식 또한 부모님에게 이 힘을 사용하는 것을 흔히 볼 수 있다. 부부 사이에서도 서로가 모르는 사이에 사용하고 있는 경우가 자주 있다. 특히 부부가 매우 동감하고 있을 때는 더더욱 그렇다. 결혼 생활을 하고 있는 사람 중에 그런 경험을 한 적이 없는 사람이라면 이것을 시험해 보면 새로운 관계가 펼쳐질 것이다.

수 년 전 나는 이런 신비한 힘을 이용한 흥미로운 사례를 만난 적이 있다. 내가 관여하고 있는 회사 사장은 판매부장의 행동이 맘에 들지 않았다. 그러나 오랫동안 회사생활을 해왔기 때문에 특별한 이유 없이 해고할 수도 없었다. 어느 날 사장은 내게 이렇게 말했다.

"판매부장의 처리 때문에 골치가 아팠습니다. 그러다 문득 이런 생각이 떠올랐습니다. 판매부장이 스스로 판매부의 책임자 자리를 내려놓고 영업사원이 되어주면 얼마나 좋을까 하고 생각했습니다. 그리고 저는 그가 스스로 자리에서 물러나라고 마음속으로 몰래 암시를 했습니다. 저는 밤이 새도록 그 생각에 전념했습니다. 그런데 다음날 아침 일찍 그가 제 방에 찾아왔습니다.

" '부장 직을 내려놓고 싶습니다. 그리고 훨씬 수입이 좋은 영업사원이 되어 거리로 나서고 싶습니다.' 는 말을 꺼냈을 때, 저는 깜짝 놀라 의자에서 쓰러질 뻔했습니다. 제가 그런 마술을 썼다는 증거도 없고 책임질 일도 하지 않았습니다. 지금 그 남자는 부장으로 있을 때보다 배가 넘는 수입을 올리고 있고, 이전보다 훨씬 즐겁게 살고 있는데다가, 우리 회사에서는 모두가 일치단결하여 더욱 성장할 수 있었습니다."

이와 연관된 어느 부부의 이야기가 있다. 어느 날 부부가 함께 찾아와 남편이 이렇게 말했다. 그는 몇 달 전까지 미국 중서부에서 의류 공장을 경영하다가 정리하고 현재는 아내와 여행하는 것이 유일한 즐거움이라고 했다. 그는 과거의 메모를 꺼내 기억을 되짚어가며 이렇게 말해주었다.

"30년 쯤 전의 일입니다. 저는 세계에서 가장 오래되었고 가장 큰 어느 비밀 신앙 클럽 회원이 되었습니다. 그곳에서는 철저하고 굳은 신앙을 강요하였지만 대부분의 사람들과 마찬가지로 진심에서 우러나오지 않아 따를 수 없었습니다. 게다가 그들이 말하는 신조, 달리 말하면 진리를 쉽게 받아들일 수가 없었습니다. 그런데 몇 년 전 어느 정신 통일 강연회에 참가하여 '사람이란 일단 자신이 시험해 보기로 결심하기만 한다면 놀랄만한 일을 달성할 위대한 힘을 가질 수 있다.'는 것을 확실히 알게 되었습니다. 이것은 사업에서도 활용할 수 있었고, 또한 쓰기만 하면 큰 이익을 얻을 수 있다는 것을 알게 되었습니다. 이후로 그것을 이용할 때마다 눈에 띄게 성장을 거두었고 회사는 나날이 발전하였습니다. 그리고 경제 불황으로 인해 회사를 처분했을 시기에도 제 회사는 전국에서 최고였습니다."

여기서 그의 아내가 끼어들어 이야기를 이어갔다.

"그 신앙 강연회에서 제가 돌아와서 배운 것을 남편에게 말하자, 남편은 비웃는 것은 아니었지만 그런 건 다 시간 낭비라며 들으려 하지 않았습니다. 저는 그 신앙에는 분명히 무언가가 있다고 생각했고 만약 남편이 그것을 깨닫는다면 틀림없이 사업에 이익이 될 것이라고 믿고 남편에게 가입을 권유했습니다. 그러던 어느 날, 문득 제 방식이 틀렸다는 것을 깨달았습니다. 저는 최선을 다해 제가 해야 할 일을 했습니다. 그리고 딸과 함께 하루 종일 몇 번이고 마음속으로 이렇게 반복했습니다. '남편이 꼭 갈 거야.' 그렇게 3주가 흘렀고 남편은 결국 가기로 마음을 먹었습니다."

그러자 남편이 다시 말을 이어갔다.

"선생님이 말씀하시는 그 마술 말인데요, 아내는 분명히 제게 그 힘을 주었습니다. 처음 강연회에서 듣고 온 이야기를 해주었을 때는 터무니없는 소리라고 생각했습니다. 저는 현실주의의 실업계에서 살아왔기 때문에 그런 비현실적인 소리를 듣고 싶지 않았습니다. 그런데 어느 날, 마치 재촉하듯이 아내와 함께 가라는 소리가 들리는 것 같았습니다. 당시에는 그것이 설마 아내와 딸이 마음속으로 몰래 제게 암시를 걸었을 것이라고는 생각하지 못했습니다. 그런데 그것이 제 인생에서 일어난 가장 큰 사건이었습니다. 첫 번째 강연회를 듣고 당장에 사업에 응용해 보니 놀랄 만큼 매출이 늘었고, 제가 사업에서 손을 뗄 때에도 여전히 지속적인 성장 중이었습니다.

하지만 오해하지는 말아 주십시오. 저는 평범하고 보통의 정통적인 의미의 종교 신자가 아닙니다. 제가 말하는 것은 종교의 신앙이 아니라 정확한 과학입니다. 우리가 마음속으로 생각하고 그것을 계속해서 염원하면 그것이 현실로 이루어지는 겁니다. 우리는 자신의 마음속으로 생각하고 있는 것을 어쩌면 무의식적으로 타인을 향해 방사하여 그것이 타인에게 영향을 끼치는 것 같습니다. 우리는 자신의 몸속에 품고 있는 호불호의 염원을 발산하면 그것은 곧바로 상대방이 되받아쳐 우리를 쓰러뜨립니다. 모든 사람들에게 필요한 것은 인과율을 연구하고 이해하는 것인데, 이것만 알면 모든 것은 명백해 집니다. 이상은 보이지 않는 강력한 위력을 가진 것이라고 여겨지고 있고 그것은 맞는 말입니다. 이 문제에 대해 알고 있는 사람은 그리 많지 않습니다. 대부분의 사람은 이 문제에 대해 모르기 때문에 이 이야기를 꺼내면 아마도 눈길을 돌릴 겁니다. 때문에 예수가 수많은 예를 들어가며 설교한 이유를 충분히 이해합니다. 하지만 그리 머지않은 시간 내에 이것이 세상의 상식이 될 것이 틀림없다는 결론에 도달했습니다. 현재 많은 사람들이 인류가 사고의 힘이라는 것을 다방면으로 이용하고 있다는 것을 알고 있습니다. 그리고 이런 식으로 이 문제에 대해 이해하는 사람이 점차 늘어날 겁니다.

어째서 실업계의 더 많은 사람들이 이것을 터득하고 자신의 사업에 응용하지 않는 걸까요? 하지만 그 대부분의 사람들은 한때 제가 그랬던 것처럼 마음을 닫고 있기 때문에 아내가 제게 염원했던 것처럼 그렇게 돌봐줄 사람이 없는 것입니다. 우리는 일단 열정을 가지고 사고의 힘이 실재한다는 것을 믿기만 하면 됩니다. 그리고 그 기술을 마음속으로 사용하기만 하면 됩니다. 선생님이 말했던 그대로입니다. 누구라도 잠재의식의 힘을 이끌어내는 것에 마음을 집중하면 당장에 어떤 마술의 힘에 의해 눈앞이 활짝 열리는 것을 느끼게 됩니다. 과연 실제로 그렇게 되겠느냐고요? 그건 정말 대단한 경험입니다!"

The Magic of Believing

과학의
금단의 영역

　태평양 연안 서부의 보험 대리업으로 신용을 쌓은 A. F 파커 씨는 이 과학의 기술에 대하여 내게 편지를 보내왔다. 파커 씨가 텔레파시를 어떻게 생각하는지는 모르지만, 그가 이에 대한 신념이 효과적이라는 것을 인정하고 있다는 것이 편지에서 잘 드러나 있다.

　"최근 저는 우연한 기회에 잠재의식을 이용한다는 선생님의 심리연구를 한발 더 나아가 실제로 이용할 기회가 있었습니다. 간단히 보고하면 틀림없이 기뻐해 주실 거로 생각합니다. 제게는 어린 아들이 있는데 눈에 넣어도 안 아플 정도로 사랑하고 있습니다. 작년 봄, 알 수 없는 세균에 감염되어 앞날을 장담할 수 없는 어두운 나날을 병원에서 보냈습니다. 저는 근심에 빠진 채 최선을 다해 병간호 하는 것밖에 도리가 없었습니다. 저는 선생님의 가르침에 따라 사무실 책상 위에 아들 사진을 올려놓고, 또 한 장은 주머니에 넣은 채 매시간 사진을 바라보며 저 자신을 향해 '아들은 완쾌된다. 아들은 완쾌된다.'고 주문을 외우듯 중얼거렸습니다. 처음에는 그저 저 자신에게 말하고 있는 것 같았습니다. 아들이 완쾌될 거라는 생각은 꿈도 꾸지 못했으니까요. 그런데 끝없이 그렇게 반복하자 제가 반복해서 중얼거렸던 것을 저 스스로 믿게 되었습니다. 마침 그때 최선의 의료처치와 함께 고마운 친구들의 헌혈 덕분인지 아들의 병이 정말로 호전되기 시작했습니다. 지금은 집에서 요양하고 있는데 빠른 속도로 정상으로 돌아오고 있는 중입니다. 단순한 우연의 일치인지도 모르지만, 처음 저의 막연한 중얼거림이 확신으로 바뀌게 되면서 점점 회복하기 시작했기 때문에 제게는 잊을 수 없는 강인한 인상으로 각인 되었습니다."

캄캄한 방 안에 들어갔을 때, 아무 소리도 나지 않지만 누군가 있다는 느낌이 들 때가 있다. 틀림없이 누군가가 눈에 보이지 않는 파장을 보내고 있기 때문일 것이다. 이것은 염파(念波)라는 것이 방사되고 있다는 것을 증명하는 것으로 생각할 수 없는 걸까? 당신은 어떻게 생각하는가?

가령 내가 어두운 방에 있고 다른 한 사람이 들어 왔다고 하자. 그 사람에게 발견되지 않을 거라고 확신만 한다면, 두 번째 사람은 어두운 방 안에 사람이 있는지 전혀 느끼지 못할 것이다.

또한 누군가를 생각하고 있으면 그 사람으로부터 소식이 들려오거나, 혹은 머지않아 그 사람과 만나게 되는 경우가 있다. 이런 경험이 있는 사람은 매우 많다. 그러나 이런 경험을 했음에도 불구하고 대부분의 사람은 어느샌가 까맣게 잊은 채 아무 생각 없이 살고 있다. 이런 체험은 보통 우연의 일치라고 여기고 만다. 그러나 우리는 이것을 사고의 힘이 작용한 결과라고 생각하면 더 확실히 이해할 수 있지 않을까?

공명심이 있고, 독서를 좋아하고, 거기에 스스로 실험을 두려워하지 않는 사람이라면 언젠가 반드시 염력으로 물체를 움직이는 것과 텔레파시 등이 현실적으로 가능한 일이라는 결론에 이르게 될 것이 분명하다. 그러한 힘은 모든 사람에게 잠재되어 있고 그것을 깨닫는 방법이 서로 다를 뿐이다. 학자들은 그렇게 보고 있다.

The Magic of Believing

카드를 통한
흥미로운 실험

『심리 현상의 법칙』을 쓴 허드슨의 보고에 따르면 텔레파시가 실재한다는 것을 증명하는 실험이 많은데, 그중에서도 트럼프를 사용한 방법이 있다. 먼저 한 무리의 사람 중에서 한 사람을 선택해 눈을 가린다. 그리고 다른 한 사람이 카드 한 장을 골라 마음속으로 생각한다. 사람들은 그 카드에 생각을 집중한다. 눈을 가린 사람은 첫 번째 인상(印象)으로 마음속에 떠오른 카드를 말해서 맞추는 것이다. 이런 실험으로 텔레파시가 분명히 증명되는 것이다.

여기서 3명이 할 수 있는 간단한 실험을 소개하겠다. 잡지에서 5가지 색이 다른 색종이를 잘라 그것을 폭 2/1인치, 길이 3인치 정도의 직사각형으로 자른다. 종이의 색은 선홍색이나 밝은 청색 등 가능한 한

제8장 생각은 실현된다 313

선명한 색일수록 좋다. 그리고 5장의 종이 색은 서로 확연하게 구분이 되어 혼동되기 쉽지 않은 것이 좋다.

한 사람(A)과 5장의 색종이 조각을 오른손 엄지와 검지로 부채꼴 모양으로 펼쳐 든다. 마치 카드 게임을 할 때 받은 카드를 들고 있는 것처럼 드는 것이다.

나머지 2명 중에 한 사람(B)과 세 번째 사람(C)이 보지 못하도록 A가 가지고 있는 색종이 한 장을 건드린다. 종이를 들고 있는 A는 고른 색종이에 마음을 집중시킨다. 다시 말해 두 번째 사람 B가 어떤 종이를 만졌는지 세 번째 사람 C의 마음에 전달되도록 고른 종이에 마음을 집중시키는 것이다.

맞춰야 하는 세 번째 사람 C가 조심해야 하는 것은 마음을 비운 채 이 실험 이외의 다른 멀리 있는 것을 흐릿하게 연상하면서 이 실험에 너무 집착하지 않아야 한다는 것이다. 맞추기 위해 골똘히 생각하거나 의식적으로 어떤 종이를 골랐는지 생각하지 말고 처음 마음속에 떠오른 것을 편하게 말하는 것이다. 그러면 세 번째 사람 C는 두 번째 사람 B가 고른 종이를 놀라울 만큼 정확하게 맞출 것이다.

조금만 연습을 하면 확률은 매우 높아진다. 특히 부부가 함께하여 먼저 남편이 먼저 종이를 들고 두 번째 사람이 한 장을 고른 뒤 눈을 가리고 있는 아내가 세 번째 사람이 되어 맞출 때면 성공률은 더욱 높아진다. 나는 이 실험이 20번, 30번 반복하여 단 한 번도 틀리지 않고 맞추는 것을 본 적이 있다. 이때도 모든 것은 신념이 좌우한다. 종이를 들고 있는 사람은 모든 정신력을 집중하여 색종이의 영상을 반드시 세 번째 사람의 마음에 전달되도록 강한 확신을 하는 것이 중요하다.

여기서 조심해야 할 것은 이 실험뿐만이 아니라 어떤 상황에서도 이런 종류의 심리 실험에 있어서 불신을 품거나 처음부터 장난스러운 태도로 구경하는 사람이 단 한 사람이라도 있다면 좋은 결과를 얻을 수 없다. 그렇다면 처음부터 시작하지 않는 것이 낫다. 왜냐하면 그런 부정적인 생각을 품고 있는 사람의 생각은 실험자의 생각이 자유롭게 흐르는 것을 방해하거나 교란하기 때문이다. 특히 의심이 많은 사람이 있다면 더욱 그렇다. 항상 염두에 두어야 할 것은 신념이라는 것은 어떻게 쓰는가에 따라 건설적으로도 파괴적으로도 작용한다는 점이다.

듀크 대학에서 진행한 염력 실험에서는 불신이 얼마나 실험 성적을 저하시키는지에 대한 측정도 이루어졌다. 또한 하버드 대학의 심리학자 G.R 슈마이들러 박사가 폭넓게 진행한 실험에서도 정신의 감응 등이 신화 같은 헛소리라고 주장하는 사람이 함께하면 실험 성적은 매번 좋지 않은 결과로 이어졌다. 이런 예를 보더라도 신념은 마술과도 같은 힘을 발휘한다는 것이 명백하다. 어떤 경우라도 그것이 가능하다고 믿으면 가능해진다. 반대로 불가능하다고 믿으면 불가능해진다.

프랑스의 천문학자이자 위대한 과학자였던 C. 플라마리옹은 일찍이 사고의 전달을 주장했던 사람이다. 그는 인간과 동물뿐만이 아니라 모든 것에는(식물, 광물, 또는 공간에도) 사고가 있고 원자에도 사고로 가득 차 있으며 독자적인 광채를 가지고 있다고 주장했다. 그의 주장은 훗날 영국 우주 물리학자 에딩턴과 제임스 진즈 등이 지지하였다.

1947년 P. 타마스 박사는 은퇴 후 남은 여생을 텔레파시 연구에 몰두하겠다고 공언하였다.

"당신은 내가 미쳤다고 생각할지도 모르겠지만, 2년 뒤 은퇴하면 내가 가진 시간 전부를 이 분야의 연구에 쏟아부을 생각이다. 텔레파시가 어떻게 실현되는지 우리는 아직 과학적으로 알지 못한다. '사람의 마음을 읽는 것'에 대한 설명도 하지 못하고 있다."

이런 발표를 실은 포틀랜드의 '오레고니언' 지는 다음과 같은 사설을 실었다.

'P. 타마스 박사는 오랫동안 웨스팅하우스 전기회사의 연구원으로 일한 저명한 과학자이다. 이제 그는 미지의 암흑대륙이라 여겨지는 인간의 마음이라는 영역을 탐구하려 하고 있다. 이 대륙에서는 아프리카에서 발견된 것보다 훨씬 더 경이롭고 신비로운 것들이 감춰져 있을 것이다.

이 문제에 대하여 회의적인 생각을 하는 사람이라도 전자 분야에서 권위가 있는 타마스 박사가 그런 확신을 가지고 있다는 것을 알아주기 바란다. 흔히 말하는 종래의 전통파 과학자는 과학에 도전하는 이러한 현상에 대하여 마법이라거나 요술이라는 낙인을 찍고 배척해 왔다. 이제는 이 지긋지긋한 어리석음에서 벗어나야 할 때다.

설령 어떤 역경이 앞길을 가로막는다고 할지라도 정신 현상이라고 여겨지는 것에 대하여 한쪽으로 치우치지 않은 공정하고 합리적인 태도를 가지고 접근하는 것이야말로 진정한 과학적 연구라 할 수 있다. 만약 그 결과 다툼의 여지가 없는 확실한 것이라면, 그것은 이제 세상에서 일반적인 확신으로 누구 하나 의심할 여지가 없는 것이 될 것이다. 초자연적 현상이라는 것은 있을 수 없는 일이다. 그것은 우리가 현재까지 알지 못했던 자연의 법칙이 발견된 것에 불과하다. 미지의 세계인 마음의 대륙을 탐구하고자 하는 이 위대한 과학자의 결의와 비슷한 것은 문명 역사상 유례가 없었던 것은 아니다. 텔레파시는 물론이고 그와 유사한 현상에 대하여 과학자 중에서는 자신만의 생각으로 처음부터 이것을 부정하는 발표를 하는 것을 자주 볼 수 있는데, 이러한 태도야말로 정말로 비과학적이라고 하지 않을 수 없다.

타마스 박사가 지금 스스로 구명하고자 하는 이 연구는 과연 인류에게 어떤 이익을 가져다주게 될까? 지금 당장, 이 질문에 대답하는 것은 어렵다. 왜냐하면 마음속 깊은 곳은 쉽게 손을 댈 수 없는 금단의 구역일지도 모르기 때문이다. 그러나 만약 이 연구를 통해 우리의 마음속에 잠들어 있는 힘이라는 것에 대하여 현재보다 깊이 파고 들어가 그 실체를 알 수 있게 된다면, 그 지식이야말로 전 인류가 지금보다 훨씬 행복한 삶을 살 수 있게 될지도 모른다.'

창조적 마술을
믿어라

개개인의 잠재의식을 생각할 때, 그것을 커다란 전체 중의 극히 일부로 여기고 거기서 나오는 파장이 모두에게 미치고 모든 것을 감싼다고 생각한다면 염력이나 텔레파시 등의 현상에 대해서도 이해하기 쉬울 것이다.

라인 박사는 염력에 대한 좋은 성적을 거두기 위해서는 좋은 성적을 거둘 수 있다는 기대를 하고 마음을 집중시켜 좋은 성적을 거두겠다고 열심히 바라는 것이 좋다고 한다. 다시 말해 신념이나 신앙은 마술적인 힘이다. 예를 들어 실험자가 자신이 생각한 대로 주사위 숫자가 나오게 하기 위해서는 확실한 신념이 필요한 것이다.

염력이나 텔레파시의 힘의 근원은 신념이라는 것은 듀크 대학의 실험을 통해 인정받았다. '뉴욕 헤럴드' 지의 과학 기자 J.J 오네일의 보도에 따르면, 염력과 텔레파시는 그 자리에 모인 사람 중에 실험자의 실력을 의심하는 사람이 많을 때는 물론이고 농담을 하더라도 그 힘이 약해져 나쁜 성적으로 이어진다고 한다.

기자의 말에 따르면, 한 소녀가 주사위의 숫자를 마음먹은 대로 나오게 하는 실험을 하는 청년의 주의를 딴 곳으로 돌려 마음을 흩트려 놓자 실험 성적이 좋지 않았다고 한다. 다시 말해 자신이 물체를 마음먹은 대로 움직일 수 있다는 청년의 이야기를 들은 소녀는 그의 말을 비웃었는데, 그것이 청년의 마음을 어지럽혀 확신이 무너졌고 그 날 성적은 엉망이 되었다는 것이다. 기자는 이렇게 말했다.

"완전히 정반대의 실험을 한 것 같은 결과였다. 다음 실험에서는 자신감을 강하게 자극하는 이야기를 하면 그것이 성적에 어떤 영향을 끼치는지를 실험하였는데, 그 결과를 흥미롭게 기다리고 있다."

아직 그 실험 결과는 알 수 없지만 이미 듀크 대학과 다른 대학에서 이루어진 수많은 실험을 미루어볼 때, 실험자가 굳은 신념을 가지고 있고 실험에서 반드시 좋은 성적을 거둘 수 있다는 확신이 있을 때는 성적이 좋아진다는 것은 분명하다. 또한 확신이나 신념이 없는 사람일지라도 자극적인 이야기로 격려해 주면 그 실험 성적을 높일 수 있는 것은 당연한 일이다.

예를 들어 골프 등에서 마음가짐을 바꾸거나 코스의 상황 등을 또렷하게 마음의 눈으로 연상한다면 스코어 개선이 가능하고, 다른 경우에서도 마음가짐을 바꾸면 신기할 정도로 행운이 따른다는 것도 사실이다. 그러므로 외부의 모든 상황도 마음가짐에 따라 어떻게든 달라진다는 것도 확실한 사실이고, 우리의 눈앞에는 과거의 사람들이 불가사의하게 여겼던 신비한 일들도 근대적 연구가 진척됨에 따라 점점 그 베일이 벗겨지고 있는 것은 분명하다.

듀크 대학의 실험에 따르면 세상 사람들이 흔히 행복이라고 하는 것은 사실 강한 사고의 파장에서 비롯되는 것으로 기회나 우연의 일치 등으로 치부해서는 안 된다는 것도 확실하다.

듀크 대학의 실험보다 훨씬 오래전 시대의 수많은 문서에는 행복이라는 것은 미래를 확실히 마음속으로 그리는 것, 생각의 집중, 바람, 신념이라고 적고 있다. 당신 자신의 신상과 장래의 목표 등에 대해서도 이러한 각도에서 생각해 보는 것은 어떨까? 내가 말하는 근본적인 비결은 '신념의 과학' 바로 이것이다.

내기를 좋아하는 사람은 '오늘은 대박이군.', 흔히 운이 좋은 날이라고 한다. 이렇게 대박이 날 때는 누구나 잘 알다시피 확실하고 강한 신념으로 자신이 반드시 이길 것이라는 신념의 표출이다. 도박에서조차 신념은 마술적인 힘이 있다. 그것이야말로 깊은 곳에서 솟아나는 힘이다.

물론 이 책은 직업 도박꾼을 위한 것이 아니라 인생에서 성공을 지향하는 성실한 사람을 위해 쓴 책이다. 기회를 노리는 게임 이야기를 한 것은 생각의 집중과 강한 기대 및 굳은 신념 등을 갖고 있다면, 우리는 실제로 진동파를 일으켜 물질적으로 표출할 수 있다는 것을 증명하기 위해 적었을 뿐이다.

앞에서 말했던 것처럼 부적, 룰렛, 마스코트 등은 모두 그 자체로는 아무런 힘도 없다. 그러나 그것을 굳게 믿는 사람들은 지금 우리가 염력이라고 부르는 것의 위력이나 권위를 신념의 힘으로 믿으며, 또한 자신도 확실한 위력을 키우기 위한 방향을 모색하고 있다. 나는 신념이나 신앙 등에 의해 그 힘을 어떻게 키울 수 있는지를 밝혀 당신이 바라는 높은 지위로 인도하고 싶을 뿐이다.

자신의 신념과 신앙을 잃는 것은 너무나도 쉬운 일이다. 수만 명에 달하는 사람이 성공이라는 높은 정상에 올랐다고 여기는 순간 다시 주저앉아 꿈에서조차 상상하지 못했던 나락으로 떨어져 버린다. 어떤 사람은 건강을 갈구하다 기적적으로 병을 고치고 원래의 건강한 몸으로 돌아왔다고 생각했지만 다시 몇 년 뒤, 혹은 몇 달이 채 되지 않아 다시 같은 병에 걸리기도 한다.

갑작스럽게 우리의 잠재의식 속으로 파고들어 우리의 힘을 빼앗는 방해물이 있기 때문이다. 이 방해물은 한 번 파고들면 순식간에 파괴력이 커져 힘들게 구축한 건설적인 모든 것을 무너뜨리고 만다. 그럴 때는 용감하게 앞으로 나아가 태양을 향해 얼굴을 돌리는 것이 좋다.

태양을 향하라. 그러면 앞을 가로막는 어두운 그림자는 모습을 감출 것이다.

평범한 사람들에게 이러한 정신 측면은 쉽게 이해하기 어려워 모든 것이 자신의 마음속에 있다는 것을 쉽게 받아들이기 어려울지도 모른다. 그러나 물질에 집착하는 사람이라 할지라도 본인에 관한 한 스스로 인정하거나, 혹은 자신의 자각 속에 파고들지 않는 한 외부 세계에 그것이 실존할지를 스스로 알 수 없을 것이다. 외부 세계에 존재하는 것의 실재를 인정하는 것은 자신의 마음속에 이미지를 만드는 것이기 때문이다.

The Magic of Believing

행복은 당신
자신 안에 있다

사람 대부분이 추구하지만 소수의 사람밖에 얻지 못하는 행복이라는 것은 바로 우리 자신의 마음속에 있다. 우리의 환경과 삶의 모든 일상은 그 자체로서는 우리의 행복과는 전혀 관계가 없다. 그것이 자신의 자각 속에 마음의 영상으로 파고 들어가야 비로소 행복이나 불행으로 우리가 느끼게 되는 것이다. 행복은 사회적 지위와 빈부의 격차, 소유하는 물질의 양에 의해 증감하는 것이 아니다. 그것은 우리의 마음상태에 따라 자유자재로 처리할 수 있는 것으로 우리의 사고에 의해 그것을 지배할 수 있다.

"모든 것은 느끼기에 달려 있다. 느낀다는 것은 모든 지배력의 근원이다."

위대한 철학자이자 로마의 황제인 마르쿠스 아우렐리우스는 이렇게 말하고 다시 이렇게 덧붙였다.

"그렇다면 당신이 원하는 대로 당신의 감정을 버려라. 그러면 당신은 산허리를 돌아온 어부처럼 파도가 치지 않는 고요하고 안정된 항구에 머무르고 있다는 것을 깨닫게 될 것이다!'

이것을 제5장에서 말했던 78세의 심층 심리를 연구하는 사람이 말했던, 근대적 표현으로 말하자면 이렇게 될 것이다.

"행복은 의식적인 정신 태도에 의해 성숙해졌을 때 비로소 드러난다. 실망, 심적 압박, 우울, 의기소침 등은 모두 그것을 생각하고 흥분한 것이 원인으로 그 마음가짐에 바탕을 둔 감정에 대한 암시이다. 만약 이러한 감정적 경향을 억제하고 의지력이 확립되어 우리의 의식에 이르는 영향을 막을 수 있다면, 그 사고의 원인은 소멸할 것은 물론이고 불행 또한 사라져 버릴 것이다. 여기서 확인할 수 있는 것은 감정 반사로 인해 일어나는 억압적 사고와 상상력에 저항해야 마땅한 이 나약함은 사고가 그것을 제공할 때, 그곳의 사태에 대한 불합리한 제재와 지휘로 인해 비롯되는 것이다. 생각을 멈춰라! 그 사고와 그런 방향으로의 사고를 거부하라. 당신 스스로가 창조자로서 사고의 주인공임을 주장하라. 다시 말해 다른 것에 의해 정복당하지 않는 인간이 돼라. 의연한 의지력을 이긴 사람은 없다. 그런 의지력 앞에서는 죽음조차 움츠러든다."

에머슨은 이렇게 말했다.

"세상에서 가장 어려운 일은 무엇일까? 그것은 생각하는 것이다."

대부분의 사람이 대중적 사고의 희생양이자 타인의 암시에 농락당한 채 살고 있다는 것을 생각해 보면 틀림없는 사실이다. 우리는 모두의 인과 법칙은 불패라는 사실을 잘 알고 있다. 더군다나 우리 중 과연 몇 명이나 이 법칙의 작용을 생각해 본 적이 있을까? 인간은 일생동안에 몇 번은 단 하나의 사고에 의해 바뀌어왔다. 더군다나 그 사고는 어떤 사람에게 있어서는 섬광처럼 찾아와 인간계 사건의 흐름 전체를 바꿔버리는 위대한 힘이 되기도 했다.

역사는 강한 의지력, 의연한 사고력을 가진 개인이 자신의 몸속 신념을 굳게 믿으며 동료를 격려하여 끔찍하고 강력한 반항에 맞서 공허함 위에 위대한 사업과 거대한 국가, 새로운 세계를 만들어냈다. 게다가 그들만이 사고력을 독점하지는 않았다.

당신도, 남녀 모두가 가지고 있다. 누구나 그것을 사용하기만 하면 되는 것이다. 그러면 당신이 상상했던 바로 그 사람이 될 수 있는 것이다. 왜냐하면 원인과 결과의 법칙의 작용에 의해 당신은 생활 속에서 새로운 인자를 흡수하게 되고, 그것은 당신의 주된 사고력이 스스로 창조하고 또한 외부 세계로부터 가져온 것에 다름 아니다.

적극적이고 창조적인 사고는 행동을 통해 최종적으로 현실로 인도한다. 그러나 진정한 힘은 행동 그 자체보다 사고이다. 항상 염두에 두기 바란다.

"무엇이든 사람이 마음속에 품은 것은 반드시 현실로 이루어질 수 있다."라는 중요한 말을 간직하라. 건강, 재산, 행복은 만약 제대로 마음속에 그리고 끊임없이 그것을 유지한다면, 반드시 실현해야 한다. 왜냐하면 인과율은 불변의 법칙이기 때문이다.

'너 자신을 알라.' 는 말이 있다. 당신의 힘을 깨닫기 바란다. 이 책을 두 번, 세 번 반복해서 읽어 당신의 일상생활 일부가 되게 하라. 카드와 거울의 기술을 올바르게 사용하라. 그러면 당신이 열망하는 기대를 초월하는 결과를 얻을 수 있을 것이다. 신념에는 창조적 마술의 힘이 있다는 것을 겸허히 받아들여라. 그러면 마술이 이루어질 것이다. 다시 말해 신념은 계획한 것을 무엇이든 성공시켜주는 힘을 당신에게 부여해 주기 때문이다. 당신의 신념에 단호한 의지력으로 날개를 달아주어라. 그러면 당신은 절대 불패가 된다. 그리고 인간들 속에서 독립된 인간, 진정한 당신이 될 수 있다.

옮긴이 차전석

전문번역가. 성균관대학교 경영학과 졸업. 아더앤더슨 비지니스 컨설팅, 피더블유씨 매니지먼트 컨설팅, 비게인 컨설팅에서 근무하였다. 현재 미국 워싱턴에서 유피에스 회사를 운영하고 있다.
역서로는 「링컨 자서전」, 「데일카네기 자기관리론」, 「데일카네기 인간관계론」, 「데일카네기 성공 대화론」, 「에머슨 수상록」외 다수가 있다.

나를 이기는 신념의 기술

2018년 07월 20일 1판 1쇄 인쇄
2018년 07월 25일 1판 1쇄 발행

지은이 | C. M 브리스톨
옮긴이 | 차전적
펴낸이 | 김정재
펴낸곳 | 뜻이있는사람들
북디자인 | 춤추는 단풍잎

등록 | 제410-304호
주소 | 경기도 고양시 일산서구 대산로 215(대화동) 연세프라자 303호
전화 | 031-914-6147
팩스 | 031-914-6148
이메일 | naraeyearim@naver.com

ISBN 978-89-90629-46-3   03320
ⓒ Printed in Korea